經典好書全新譯本

爬樹的女人

在樹冠實現夢想的田野生物學家

瑪格麗特．羅曼 Margaret D. Lowman——著
林憶珊——譯

獻給艾迪和詹姆士，我的孩子兼田野研究幫手，讓我對大自然永保驚喜。

還有麥克，是你教我如何在科學與精神層面間搭建溝通的橋梁。

目次

推薦序

雪霸國家公園樹冠研究的推手

人類的遠古祖先生活在樹上，與樹關係密切；現今的人類雖然過著十分現代化的生活，但日常食物、醫藥、穿著與生活器物的原料取得，仍無法全然與樹脫離關係。此外，樹也給人心靈的撫慰，有些地域族群的傳統信仰更是離不開樹的。

然而，人類受到視覺的制約，對於地球上最富生產力與複雜結構的樹冠層的認識與關注，就如同對埋藏於地底的樹根一般地貧乏。透過《爬樹的女人》這本書生動的文字敘寫，讓我們得以探向充滿冒險、研究挑戰、並存在著多樣生命形式的樹頂世界。

這本書同時是享有樹冠生態學拓荒者美譽的傑出女性——瑪格莉特・羅曼

博士前半生的自傳。熱愛自然科學、對樹冠研究充滿興趣與熱情的她，不但爬樹從事樹頂的研究，也獨力撫養著兩個孩子長大成人。她的研究事業與她的家庭生活，在這本書中交互編織。她樂觀進取、努力突破種種限制的研究與教學生涯，不斷啟發著許多年輕後學投入樹冠層研究。這本書是她真誠分享研究歷程，以及盡力在她熱愛的事業與家庭生活間取得平衡的故事。

在十五年前，台灣的樹冠生態學研究仍是一個十分陌生的研究領域。近年，台灣已逐漸有更多樹冠層的研究發表。特別的是，除了優秀的男性研究者，也有一些年輕的女性研究者，深受瑪格莉特・羅曼博士的經驗啟發。因為她在樹冠層研究領域披荊斬棘地開路，讓更多年輕的女性知道，無論自己走在學術研究的道路，或是致力於工作、興趣、家庭上的平衡，至少，她們都不是一人踽踽獨行。

雪霸國家公園長期以來致力於保育與環境教育的推廣，近年來更運用攀樹技術進行園區內樹冠層的研究及環境教育，一〇三年四月雪霸處與臺灣大學、林業試驗所共同主辦台灣有史以來針對樹冠層研究的研討會——「二〇一四森林樹冠層生態保育國際研討會」，特地邀請來自美國、加拿大、馬來西亞及台灣多位樹冠層專家共同參與，包含本書的作者瑪格莉特・羅曼、勒岡州立大學教授David Shaw博士、佛羅里達州樹冠走道結構專家Philip Wittman博士、兩棲昆蟲專家Wesley Hunting博士、沙巴公園Maklarin Lakim博士、沙巴神山國家公園鳥類專家Alim Biun等，均對雪霸處的樹冠研究及相關成果表示肯定。

其中，瑪格麗特・羅曼博士更是雪霸處樹冠研究的推手之一。多年前雪霸處同仁因緣際會至美國與之交流後，促成相關研究及該次國際學術研討會，與雪霸處「攀・探索綠色大傘」樹冠層研究與環境教育特展。羅曼博士在會中也期許透過彼此的交流，可以將樹冠層的研究及保育成果散播至世界各地，喚起大眾對其重視。

雪霸國家公園管理處處長

陳貞蓉

推薦序

女兒當自強

男兒當自強。這句話的前面原本有著「將相本無種」，意指自強精進的人，不論其出身背景如何，都有可能功成名就高登將相之位。但是到了現代、在不同的年代，這句話就有了各種的解讀法。

我在閱讀這本書的過程中，除了一邊不停流露出心有戚戚、我怎麼沒有早點認識這位學者作者、好羨慕她在那麼多有趣的地方做研究之外，從頭到尾一直在我腦海中響起的，就是「女兒當自強」。光是書名《爬樹的女人》就已經很吸引我，因為我從小到大看書看影集，就一直很羨慕書中小朋友有樹屋可以當自己的堡壘，周圍卻苦無樹可爬、可蓋樹屋，縱使我小時候住的是充滿了綠和樹的中研院裡面。長大以後，雖然學的是動物生態，過的是在野外看鳥看魚抓蝶等蛙的日子，還是跟爬樹無關，也不在熱帶雨林。但是我還是很嚮往在樹冠層看動物，所以在最近幾年，有機會到婆羅洲看動物的時候，就到神山去走樹冠層步道，排解自己多年來的雨林樹冠迷（夢想）。

作者，不但是樹冠層研究的佼佼者，從小更是科展中、動物系中、甚至研究團隊中唯一的女生。她的研究主題是雨林的樹冠層，研究手段從單條繩索、平台、起重機，到熱氣球等等。隨著技術與方法的進步，她跟夥伴們帶我們走進樹冠層，讓我們有機會一窺雨林的生物及生態。這本書不論是對看門道、或是看熱鬧的讀者來說，都是一本很棒的床頭書、入門書、參考書。

雖然我們看的主要是作者精彩的研究與冒險，不過透過字裡行間，我們也同時懂得女性在野外工作時的辛苦。特別是在男尊女卑，或是主張女性應該只能在家相夫教子的社會中，要堅持走自己的路，更是得做許多的犧牲。這個狀況，在二十一世紀雖然有變好，卻也沒有變得多好。於是，自強的女性越來越多，因為求人不如求己?!

說到這個，突然讓我想到一件可以自爆年紀的私事。從前從前，當電影

〈迷霧森林十八年〉上映之後，一起去看電影的人突然跟我說：「野外工作好危險喔，你不要繼續在野外跑來跑去追鳥了啦，我的薪水都給你管（以下略）」。當時我唯一浮現的想法就是：「你有事嗎？顯然你完全不認識我嘛。比起人，我喜歡動物多多，何況是要把我關在家裡管我非常不擅長的帳……」於是當然就謝謝（不）再連絡。

不過在野外時，危險的不是動物不是環境，是人。我三更半夜在外面找青蛙時，聽到風吹草動蟲鳴蛙叫會非常開心，聽到有人聲倒是直接去躲起來的，這應該也是只有女生才會有的危機感吧。所以我有非常多把瑞士刀、潛水刀、開山刀，就看我出門是要去哪種環境，總之就是隨時有著能夠自救救人的心理準備。

男兒當自強。因為，女兒已經自強了。

科普作家
張東君

推薦序

從深海到樹冠，永遠守護地球

我們所居住的地球和其他較小又多石礫的姊妹行星——金星、火星、水星比起來，是相當獨特的。不同於其他星球，地球上可是有著豐富多樣的生命。

過去三十年來，我不斷探索我們的星球、發掘各種奇景，探險的足跡從一望無際的沙漠、白雪覆蓋的山峰、蔥蘢茂盛的森林，一直橫跨到幅員遼闊的大草原。由於地球表面有三分之二以上的面積都被海水給覆蓋，因此大多數的時間我都是在海裡，發掘隱藏在地表之下的美麗。我利用深海潛水艇沿著綿延的海底山脈潛行，研究海底火山，以及佔去地球表面生物量將近四分之一的海底生物。我在這些海底山脈中，發現奇異的海洋生物，這些生物活在黑暗之中，完全不需要依靠太陽能生存，而是以一種叫做「化學合成」的方式，利用地球內部的能量來延續生命。

雖然我覺得探索深海非常迷人，也讓我更深入了解地球，但我漸漸體會一個重要的道理，就和太空人飛往月球背面時所領悟到的一樣──不論這個宇宙有多大，地球始終是我們生命中的太空船。人類在地球上誕生，未來世世代代的子孫也會在這裡永續。

我明白在地球上，陸地將會是我們永遠的家，我們或許可以冒險、盡情探索深海裡的生命，但我們總是要回到岸上，呼吸新鮮空氣、徜徉在溫暖的陽光裡、享用大自然給予的美味佳餚。

一九九四年，我遇到一個難得的機會，終於可以離開小小的潛艇幾個月，前往中美洲小國貝里斯，在熱帶雨林的樹冠層中生活。這個獨特美好的體驗，是由瑪格莉特・羅曼擔任我的私人嚮導。她是位傑出的樹冠生物學家，致力於進一步了解熱帶雨林在全球息息相關的生態系中，所扮演的角色。

我們之所以會一起合作，並在離雨林地面一百英尺以上的高空邂逅，全都是因為傑森計畫，這個田野研究的計畫，每年都會利用最新的通訊科技，讓全世界超過五十萬名學生以及一萬兩千名教師，同時參與這個「即時轉播」的探險之旅。整整兩個星期，我看著瑪格和參與的師生分享她的知識以及熱誠，其中有好幾位學生跟教師都實際踏上樹冠平台。在好幾個小時的旅程裡，從微小的草食性動物，到雨林中最高大的樹群，瑪格帶領大家探索生命的奧秘。透過她的解說，學生了解自己應該作為地球的守護者，並體認到我們所背負的重責大任，不僅是要保存地球之肺，更要保存人類的命脈。

那一天，當我們離開貝里斯美麗的森林，最後一次從那個幾乎已成為「家」的小小樹冠平台上垂降到地面時，我深深體會到自己遇見的是一位優秀的科學家、年輕女性的最佳榜樣、一個仁慈的人，以及一位新朋友。

康乃狄克州密斯提克探索研究中心總裁，鐵達尼號殘骸發現者

羅伯特・巴拉德

作者序

生命真美好

我的工作很不尋常，我爬樹，朝九晚五也不是我一天的作息。我的孩子們很有耐心、適應能力很強，練就了一身在媽媽瘋狂步調中保持冷靜的本領，但即便如此，他們依舊是在一個充滿愛與呵護的環境裡長大。我時常在森林與家庭之間奔波往返，也常把家裡弄得人仰馬翻，在離家的前一刻，我得打包預防瘧疾的藥物和蚊帳，返家之後，還得和時差以及攻陷我免疫系統的寄生蟲對抗。

我做田野調查時，多虧我的父母以及一群支持我的朋友，幫我把整個家維持得井井有條，順利運作。我也很幸運，從來沒有被樹上掉下來的椰子打到失去意識，沒有被澳洲的眼鏡蛇咬過，更不曾從大樹上摔下來（矮的倒是有摔過！）。

儘管如此，在這趟努力學習如何身兼科學家和母親的旅程中，我還是遭遇了許多挫折，我發現在野外研究時所那種身體的疲乏和痛苦，遠不及情緒上的各種負擔。我很慶幸自己能夠體悟到，要在科學研究上有所成就，並非一定要犧牲家人之間的愛與共享。只要懂得在兩者間取得平衡，並以對生命的熱情和愛加以滋養，我們每天都能夠感受到生命的美好。我也希望，身為一位科學家，我對於雨林保存的努力，可以讓我們的孩子和他們下一代生活的世界，再美好一點點。

我也十分感謝我的同事們，他們這些年來的想法和創意帶給我許多啟發，還有威廉斯學院「女性與大自然寫作工作坊」的成員，謝謝你們無償替我試讀。另外，我也要感謝芭芭拉・拉里森，謝謝你替這本書繪製許多精美的插圖。

感謝耶魯大學出版社的編輯珍・湯姆森・布萊克，這次的合作相當充實，感謝薇薇安・惠勒神奇地將初稿編輯至現在的成果，非常謝謝兩位付出的時間跟心力。

或許我最該感謝的人就是我的孩子了，謝謝艾迪和詹姆士，是你們讓我對大自然總是充滿好奇心。感謝我的父母，在我花上好幾個禮拜爬樹做研究的時間裡，替我照顧我的家，沒有你們，我今天絕對沒辦法成功身兼科學家和母親的角色。

還有你，麥可・布朗，謝謝你陪我一起踩爛泥！

瑪格麗特・羅曼

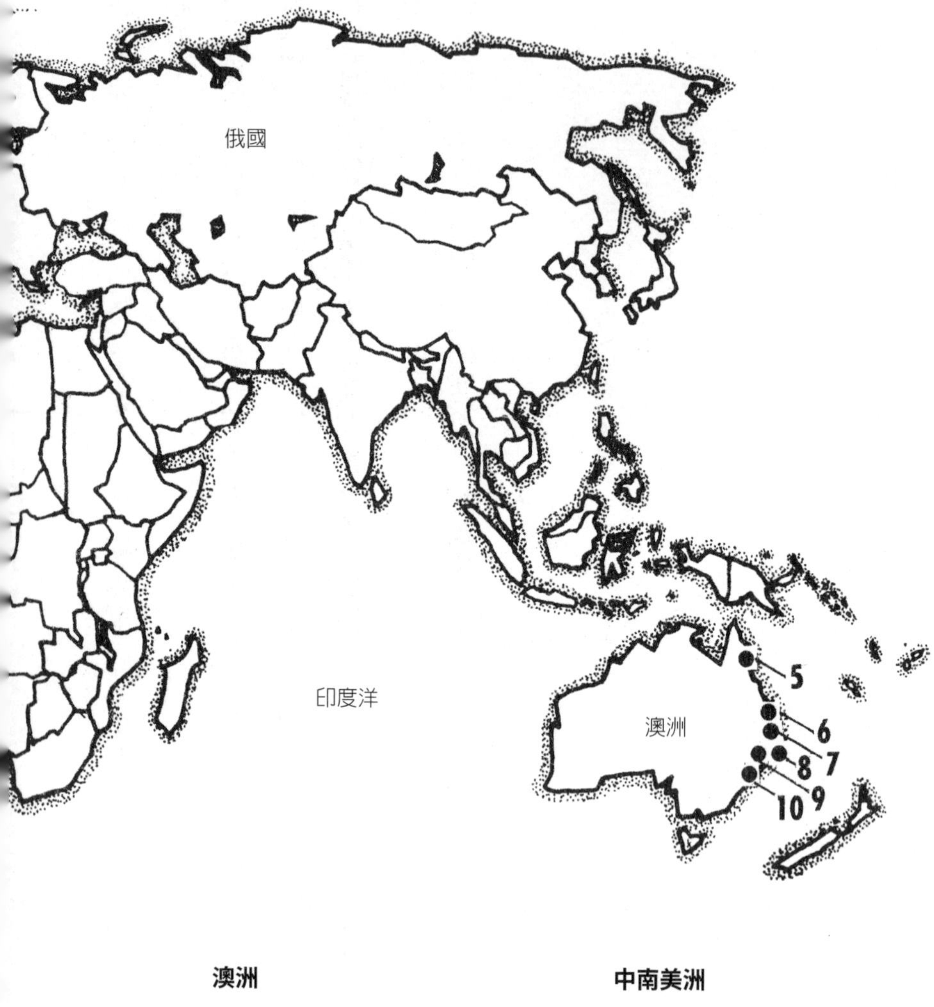

澳洲

5. 戴維斯溪國家保育區
6. 拉明頓國家保育區
7. 新英格蘭國家保育區
8. 多里哥國家保育區
9. 瓦查
10. 奇拉山保育區

中南美洲

11. 巴拿馬巴羅科羅拉多島
12. 貝里斯藍溪
13. 秘魯

非洲

14. 喀麥隆

樹冠研究地點鳥瞰圖

美國

1. 亞利桑納州生物二區
2. 佛羅里達州米亞卡州立公園
3. 紐約州米爾布魯克
4. 麻薩諸塞州威廉斯城

1989年-至今
科學家 & 母親

1989-1991年
於威廉斯學院
任教

第六章
通往天堂
的高速公路

1991年
乘熱氣球
遊非洲

第七章
乘熱氣球
飛上世界屋頂

1992-2003年
賽爾比植物園
研究員

第八章
登上樹冠
起重機

第九章
貝里斯的樹屋

巴洛科
羅拉多島

第十章
用望遠鏡
看巴拿馬

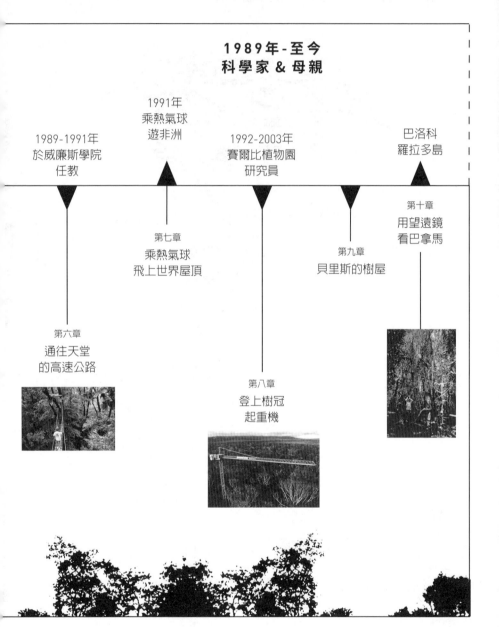

作者年表

1953-1978年
早期教育

1953年
出生

1953-1971年
童年

溫帶森林
（紐約市）

暑假自然
生態營

1972-1976年
大學

溫帶森林
（麻省）

1976-1978年
理學碩士

高山森林
（蘇格蘭）

1979-1988年
研究 & 初為人母

1979-1983年
博士

第一章
澳洲雨林

1984年
珊瑚島

第二章
澳洲內陸的
生活
1983

第三章
珊瑚礁探險

1983-1988
博士後研

第四章
研究桉樹
枯梢病

第五章
世上最棒
的樂透

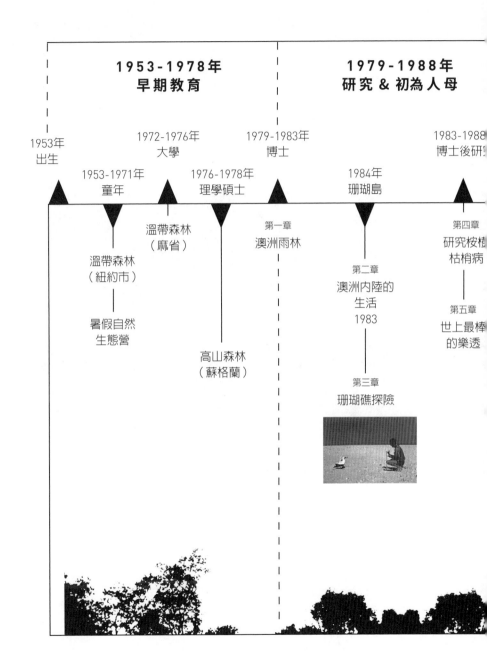

前言

像我這樣一個爬樹的女子

植物學需要藉助於熱帶雨林，後者豐富多樣的物種可以使人的思想更開闊。

——植物學家柯勒（E．H．J Corner）於劍橋大學，一九三九年我從小就喜歡蒐集和分類各式各樣的生物，像是蝴蝶、鳥類、昆蟲、貝殼、動物的巢穴，甚至是樹枝。我的父母並不是科學家，但是他們願意隨時把車子停在路邊，好讓我撿拾在路邊瞥見的各種東西。雖然我媽怕得要死，但我房裡的櫥櫃卻住過老鼠，當紐約冷冽的冬天來臨時，這些老鼠顯然也很喜歡我蒐集後放在房裡的各種天然纖維，利用它們來築巢。我的生活因大自然的寶藏而充滿喜悅，我對科學的好奇心也在各種收藏中漸漸萌發。

小學五年級時，我在紐約市的科展拿了第二名，科展大廳裡清一色都是男孩，他們的作品泰半是各種電子實驗以及化學裝置，我害羞地擠在一群異性之間，但是對於自己的野花收藏讓生活精彩萬分，感到無比驕傲。

在我的青少年生涯中，我有幸可以參加以大自然為主題的夏令營，在那裡我認識了許多志同道合的朋友，他們都對田野生物學感興趣，有些人也成為我日後從事環境工作相關領域時的好同事。夏令營的主辦人約翰・特洛特和李・特洛特，培育了許多未來的生物學家以及科學教育者。不管是哪個夏令營的主辦人，只要有辦法在山頂上迎著夕陽，對著一群又渴又累但卻熱血沸騰、聚精會神的青少年，大聲朗誦奧爾多・李奧帕德[1]的著作，這樣的人無疑就是個充滿吸引力、渾然天成的老師，而約翰・特洛特就是一個這樣的人。

雖然我在二十歲之前，從來沒有離開過美國，但是我對大自然的好奇心，驅使我到蘇格蘭攻讀生態學碩士。我的指導老師彼得・艾希頓對熱帶植物那股充滿感染力的熱情，使我決定將我的博士研究專注在熱帶雨林上。彼得建議我到有熱帶生態系統的國家邊生活邊做研究，所以我選擇到澳洲繼續我的學術生涯，博士學位學位也是在澳洲取得，論文主題是「雨林樹冠層的食植行為」。

爾後我有幸與喬瑟夫・科奈爾一起合作，他也成了我第三位指導老師，優秀的他啟發我設計出嚴謹的田野生態實驗。我也在澳洲結婚生子，面臨相夫教子與出外工作的兩難。幾乎整個一九八〇年代，我都在當賢妻良母。

這本書就是我一個人在廚房裡細想後的成果。為什麼我得待在這裡洗碗、收拾樂高玩具？為什麼在美國的女性同事可以盡情發表研究，利用托育中心照

1 — Aldo Leopold，1887-1948，美國著名生態學家和環境保護主義的先驅。

顧小孩，在實驗室加班就點速食外送，工作和家庭得以兼顧？我熱愛扮演妻子與母親的角色，但是我的靈魂裡仍有著對科學的滿腔熱情。

到了一九八九年，我開始感到心煩意亂，家庭主婦的全職工作，以及循規蹈矩地在澳洲鄉間生活，已經無法滿足我想追求知性的心靈。我愈來愈難把人生中珍視的那些事物，與全心全意在澳洲鄉村過生活結合在一起。我這才發現，我好多原則都已經被破壞殆盡了，幫我先生準備一杯的早茶和一頓熱騰騰午飯，變得比寫科學研究報告來得重要；我沒辦法買很多書給我的孩子，因為我實在負擔不起；我公公未經我的同意，就擅自把花園裡幾棵有一百多年歷史的榆樹給砍了（那棵樹的樹蔭可是我做為主婦的唯一慰藉）；羊毛市場因全球政治局勢的影響而崩盤；有一天我兒子艾迪發表闊論，說女人沒能力當醫生；我先生建議我別再開家裡的車去大學圖書館，因為我的研究沒有那麼重要。我的大半人生都是在訓練自己成為一位科學家，如今我卻無法掌控方向。我發現我的澳洲公婆，沒辦法接受自己的媳婦熱愛科學；也沒辦法忍受我在這個大男人主義的傳統家庭裡，提出值得省思的問題。

於是我做了一個困難的抉擇，我決定離開這塊美麗廣闊的澳洲內陸以及當初深愛的那片森林，重返美國，追尋學術自由。這個決定也帶來了很多情感上的劇變，包括離開我先生，遷居不同的環境，重回工作崗位，重新適應頻繁而長時間地待在偏遠地區研究，還要面對環境保育議題的各種迫切挑戰。在這本書裡，我會和大家分享身為田野生物學家，想要兼顧家庭和事業的一些冒險經歷。

雖然自傳這種東西，通常都是在晚年才寫的，但我知道在事業全盛期，我更能感受身為女性在科學這個領域遭遇的阻礙，這些感受能在字裡行間充分表達出來。愛、家庭以及事業三者的整合，對男人女人來說都同樣困難，這些不應該等到白髮蒼蒼了才獨自靜默思索。

森林樹冠已經被視為地球生態的最後一道防線，雖然樹冠層給人許多浪漫綺想，但是抵達樹冠的困難重重，導致過去近百年來相關的科學研究寥寥可數。最近這十年來，從繩索、升降平台、起重機，一直到熱氣球，進入樹冠層的技術和方法不斷進步，揭開森林樹冠神秘面紗的舞台終於架設完成，我們得以一窺棲息在裡頭的生物、花朵和果實，研究牠們的生老病死、作為醫藥和食用的功能，也得以探究地面上這個三度空間中錯綜複雜的生態多樣性。

本書的每一章都會介紹一種爬樹的方法，以及我在研究中提到的一、兩種科學假設。篇章是按年代編排，從我在澳洲早期開始以繩索爬樹（一九七九年）、懷孕期間利用起重機研究尤加利樹的樹冠（一九八四年）、在非洲坐熱氣球進行勘測（一九九一年），一直到在麻州的溫帶林（一九九二年）以及貝里斯的熱帶雨林裡面搭建空中步道（一九九四年）。我希望讀者可以透過我的經驗了解這些爬樹方法、採樣設計以及研究成果的品質，已經逐年進步很多。科學家也從原本一個人單打獨鬥，進步到與不同領域間的科學團體互相合作，共同探討結構複雜的環境問題。田野實驗也愈來愈有雄心壯志，進而反映了新計畫的合作本質，這些對田野生物學來說都是令人振奮的改變！

過去的十五年來，我參與了許多拓荒性質的樹冠研究，足跡遍布各大洲，也開發許多爬樹的技術（許多技術還在草創階段）。另外，我還撰寫超過五十篇同行認可的科學著作。因著這些豐富的經驗，我希望可以把森林樹冠的精采通通記錄下來，和較少接觸科學的讀者分享。除了分享我在樹林間的種種冒險，更要分享身為女性的我，是如何看待這份在過往傳統都是男性獨霸的職業。我希望透過這本書，讀者可以了解田野生物學家的工作型態，也藉此激發更多年輕人加入科學的行列。

一九八二年，安德魯・米契爾出版了《忘返樹冠間》。書中集結了多位大膽爬樹的生物學家（包括我在內）在樹冠層研究的經驗。一九八六年，唐納・佩里也發表了一本個人著作《地表之上的森林生態紀錄》，書中以他創新地運用單索技術進入新熱帶（neotropical）樹冠進行研究為主軸。約莫十年後，馬克・莫菲特將米契爾的著作加入插畫、增添內容，並出版《高度邊界》，收錄了更多研究者以及測勘的新興技術。

為了能夠為樹冠層研究略盡心力，同時又不重複前人已經著墨的內容，我以佩里十五年前的第一手樹冠層研究為底本，並從女性的角度出發，探討現今樹冠研究的諸多挑戰，好比說搖搖欲墜地垂吊好幾個小時，卻怎麼也找不到吃檫樹葉子的稀有甲蟲時，是什麼感覺。和四十九位清一色的男性科學家，一起在非洲森林裡面紮營生活，是什麼樣的經驗。養育小孩和獻身熱帶田野植物學的研究，又能否兼顧。

你可以從很多角度來看《爬樹的女人》這本書。從生物學的角度，這本書可以是樹冠研究的材料；從人文的角度，這本書記載了女性與科學的邂逅；從環境科學的角度，則可以做為全球性的案例研究。在每個章節裡，我也都會提出未來研究的可行方向。或許這本書最重要的目的，就是要寫給每一個對世界充滿好奇心的讀者，特別是那些關心森林議題，而議題中又牽涉到政治、社會、經濟和生物學的人們。

在這本書裡，公私領域很難清楚劃分。於公，在過去二十年來，熱帶生態學從萌發開始至今的進展相當驚人，在熱帶地區，樹冠層研究也從原先各種進入樹冠層的技術開創期，到現在能專注在更多田野研究的成熟階段。於私，回顧我在澳洲鄉間，奢望能在工作和家庭間取得平衡，真的是太不切實際了，許多人無法理解我的抱負，對我來說在個人與事業間疲於奔波是非常嚴峻的挑戰，因為職業婦女在當時是不被社會所接納的。在一九七〇到八〇年代的澳洲內陸，女人只有一項天職，那就是把家庭照顧好。我對植物學那股不滅的熱情，使我一直不太稱職。

我試著將科學融入家事管理中。我可以邊洗碗邊在腦中構思野地實驗嗎？我可以在午睡時間寫一篇科學文章嗎？我可以趁著推娃娃車出外散步時，順路到我的實驗樣區檢查新葉種的生長情況嗎？這些亂七八糟的時間表讓我的頭腦被分割成好幾塊，我相信許多在家庭與事業間蠟燭兩頭燒的女性也和我一樣，學會了仔細安排各種事情。

現今男主外女主內的觀念愈來愈淡薄，有別於傳統，許多伴侶也開始發展出變通的持家模式。這是有史以來第一次，在科學界工作的年輕女性，可以聽聽上一代女性科學家的建言。我的學生時代，跟過的每位指導老師都是男性，他們沒辦法告訴我，如何在懷孕期間繼續做田野調查，也沒辦法提點我該如何和男性同事在森林裡做研究時共同生活。

許多的問號和難題，促使我成為科學家，也激發了我研究樹木的熱情。為什麼熱帶林比溫帶林來得豐富多采？昆蟲是怎麼找到賴以維生的植物？昆蟲是否會影響森林生態的健全，又會對全球變化帶來哪些長遠的影響？

在偏遠而茂密的高大樹林裡採樣，周遭多半杳無人煙，這種種經歷都是我人生中的挑戰。在私領域裡為人妻、人母，還有在不同文化裡要活出不同的女性形象，這些也都為我的人生加諸更多要努力跨越的障礙。但也正是因為這一切，我才能夠茁壯成人，一步一腳印，堅定地做出生命中各種選擇。

第一章

探索澳洲的熱帶雨林樹冠

還有一處孕育生命的淨土等待被發掘，這塊土地不是在地面上，而是由地面算起一、兩百英呎高的地方，面積橫跨數千平方英里……在那裡，豐富的生命等待著嚮往大自然的人們去發掘，等待著他們克服地心引力、螫人的螞蟻、刺人的荊棘，以及腐爛的樹幹，克服重重困難，抵達叢林樹冠的最頂端。

——威廉・貝比、因內斯・哈特利、保羅・浩斯合著《英屬蓋亞那的熱帶野生世界》，一九七一年

關於雨林，我一開始迷戀的並不是樹冠。一九七八年我初抵澳洲，隔年開始攻讀碩士學位，那時候，爬樹這件事情我可是想都沒想過，更遑論研究樹頂的生物。我非常熱愛雨林，但就像我那些渴望了解熱帶生態的同事一樣，我的眼界卻被傳統的研究方法侷限住了，我只在地面觀察雨林，視野也受限於手中的望遠鏡。

我和大多數的同學一樣，嚮往研究森林裡活潑可愛的生物，好比說猴子（在澳洲的話就是無尾熊），還有鳥類，甚至是蝴蝶。但到最後，我選擇的是森林中較溫和，卻又是最基本的那部分——植物。一些大家知悉的野外紀實，都是關於女性科學家研究人猿或是其他動物，但我認為也應該給植物一個機會。

植物和動物一樣，充滿冒險和熱情的精神。糾結繁複的藤蔓在樹的頂端蜿蜒數百公尺，多麼令人驚嘆；侵略成性的絞殺榕纏繞著宿主樹，令它們窒息；鳳梨科植物的水槽，成了青蛙、蠑螈和昆蟲棲息的小小天地；迷你薊馬長途跋涉地飛行，一路上險象環生，只為了找到合適的花種孕育下一代。總之，植物的生命充滿奧秘，精彩的程度絕對不比任何哺乳類動物遜色。也許應該說，熱帶雨林的生態活躍度和複雜性，是地球上任何地方都無法比擬的。這些植物充滿謎團，包括我在內的許多人都被其深深誘惑，而熱帶雨林更成了我們畢生的挑戰。

從紐約飛往雪梨，展開雨林的冒險

在一九七〇年代，熱帶雨林仍然被視為生物學上的黑盒子，換句話說，就是個充滿未知現象的黑暗領域。在這些紛繁的森林裡，有多少生物生活在其中？是什麼複雜的結構，讓這麼多生物得以共處在同一個空間？在雨林被破壞殆盡以前，我們是否來得及了解雨林動物和植物間錯綜複雜的關係？身為植物學的學生，我非常嚮往熱帶。我能忍受爛泥、水蛭和拿著溼答答的筆記，只想要解開這一個個深究鮮為人知的生態系統之謎。

我的童年和大學時期都是在紐約州北部受的教育，那裡的森林樣貌是我比較熟悉的。四季更迭，秋天落葉、春天發芽，周而復始的模式令人感到安心。在溫帶地區長大的我，和許多田野生物學家一樣犯了一個典型的毛病，那就是：具有溫帶本位主義。我對大自然的認知，常常建立在我對溫帶生態的理解之上，這種狹隘的眼光不時阻礙我理解熱帶森林複雜的系統。在熱帶森林中，你能看見常綠葉、長年開花、冬季候鳥和十二月落葉等型態，與北方溫帶楓樹林冬夏對比的簡單模式相比，有時令我難以理解。我的碩士求學旅程，帶我飛越半個地球，進入南半球未知的森林型態。我希望經由這場冒險，可以對熱帶雨林這個充滿謎題的黑盒子，有更多、更深刻的了解。

一九七八年，我拿到了蘇格蘭亞伯丁大學的生態學碩士學位，論文題目是「高地樺樹的季節週期」。還記得當時因為經濟拮据，我曾在沒暖氣、沒熱水的學生會館裡，窩在電毯底下取暖，也常常在課後到路邊找兔肉做燉肉，以「路殺」裹腹溫飽。正如許多研究所的學生，我忍受這些艱苦的生活條件，就是為了能換取到另外一片土地上研究動植物、研究新觀念的機會。

想到能夠告別蘇格蘭高地的嚴寒，讓自己有機會暖和一下，再加上我一直都想要一窺熱帶森林的面貌，我毅然決然接受雪梨大學植物學系提供的獎學金。但我實在是太天真了，居然不知道雪梨這個城市離熱帶有一千多公里遠。一九七八年十月，我飛往南半球，開始追尋我的植物學美夢。

澳洲生態變化萬千

有幾個原因，讓我選擇澳洲作為我研究雨林的第一站。首先，澳洲講英語；再來，澳洲的森林在當時仍是世上最少被研究的森林之一；不僅如此，澳洲的生態變化萬千，從山上寒涼的雨林、潮濕山谷的低地雨林，到內陸西面山坡乾燥的森林，型態相當豐富。再說了，哪個胸懷大志的生物學家，不想到這個蘊育獨特物種的島上，一睹無尾熊、袋鼠、鶴鴕的風采呢？

我決定到這個澳洲人引以為傲而自稱「幸運之國」的國家，從事研究。對一個白人男性來說，這或許算是幸運，但對於一個活在一九七〇年代的美國女性科學家而言，就不是這麼一回事了。我壓根沒想過我會遭遇文化上的挑戰，澳洲內陸對於不同性別該扮演不同角色的觀念極為刻板。其開闢疆土的思維雖然令人讚賞，但卻和上個世紀美國開拓西部時一樣，環境保育等議題是經常被漠視的。

從演化的角度來看，澳洲相當引人入勝，因為它呈現了兩個植群的交界形貌，一為印度尼西亞的熱帶植群，另一個則為衍生自南極與紐西蘭的溫帶植群。這個交集使澳洲擁有豐富的生物多樣性，如此獨特的群叢交會更是地球上少見的奇景。

澳洲也是少數說英語的已開發國家中，擁有熱帶雨林的。有的人可能會以為澳洲在管理與保育熱帶雨林的表現相當傑出，堪為其他國家的榜樣。然而實際上，澳洲和其他國家一樣，在管理天然資源時犯了許多錯誤。一直到一九七〇年代晚期，才開始有零星的學者，嘗試研究澳洲的熱帶雨林，而真正走進樹冠層的更是寥寥無幾。

我在澳洲做研究的第一個挑戰就是辨識並確認雨林的位置，這對一個有溫帶本位主義的學生來說真的不容易！我的指導老師彼德曼爾史考夫，是一位相當紳士有禮的英國植物學家，也是個非常棒的老師。他建議我應該以雪梨為起點，向北探索、沿路觀察，直到看見鬱鬱蔥蔥的樹林。澳洲的面積有七千六百多平方公里，都快要跟美國一樣大了，這樣的做法似乎像大海撈針一樣困難。但是他的建議非常有用，因為澳洲將近有百分之九十五的森林都是桉屬尤加利樹所構成的旱林或是硬葉林，所以顏色一片灰灰藍藍的。

在這塊土地上剩下百分之五的森林，就是保有豐富綠色樹冠的熱帶雨林。沿著澳洲東邊的海岸斷崖，熱帶雨林的分布相對狹長，東北海岸的山脈攔截住水氣，因而為熱帶雨林的植群帶來豐沛的雨水。

熱帶雨林字面上的定義，就是平均年雨量至少要達到兩千公厘。從演化的歷史來看，熱帶雨林曾經幾乎遍布整個澳洲。澳洲大陸屬於大洋洲，最早被稱作岡瓦納大陸，它的熱帶林相為澳大利亞植群中的印度—馬來西亞種，而東南部的植相則是屬於寒溫帶或是南極氣候（在這裡是指靠近南極大陸的氣候），澳洲東南部的植相也和智利、紐西蘭相同。這兩個差異極大的植群：印度尼西亞種以及南極種，在同一個大陸上彼此交會，也造就了澳洲雨林多采多姿的樣貌。雖然熱帶雨林的面積較旱林狹小，但卻是讓澳洲物種如此豐富的主因。

侏羅紀時代，較乾燥的氣候使澳洲乾燥硬葉林的面積擴張，雨林的面積因此相對減少。而後，因為伐木以及開闢農業用地，許多天然的雨林區塊面積不但變小，有的甚至完全消失。十九世紀中期開始，盜木業者進駐，並砍伐澳洲西部的雨林區，就是為了尋找紅椿[1]這種珍貴的家具木材。今日，澳洲的雨林多半零星散佈在陡峭的溪谷附近，這不僅是自然演化的一部分，更是人類濫墾濫伐的結果。

上千片的樹葉採樣

成為樹冠生物學家並不是我一開始的目標，只是隨著研究的進展，各種想法自然而然地把我帶到樹冠這塊領域。我早期和雨林接觸的經驗讓我很沮喪，因為那時候我身邊根本沒有其他同事，雪梨大學的學生跟教職員也都沒有參與雨林研究，因此我對雨林的了解僅限於書本，不然就是和偶爾來大學參訪的科學家討教。

我記得最一開始在構想博士論文計畫時，我一心一意想要研究的是雨林樹冠層裡的蝴蝶。我想像自己身處綠野，坐在盪鞦韆上細數色彩繽紛的鱗翅目昆蟲，那感覺多開心啊！但我的指導老師比我實際多了，他提醒我，博士論文需要收集大量的研究數據，因為蝴蝶的活動範圍很廣，且行蹤成謎，他很擔心我到了雨林以後，會連一隻蝴蝶都找不到。百般不情願下，我只好把研究對象改為行動力比較差的生物：樹木。我決定研究雨林樹葉的生長模式，這也是我在蘇格蘭碩士論文的延伸，當時我研究的是植物氣候學[2]以及樺樹的光合作用，只不過蘇格蘭的樹最高也就十五呎[3]而已。

儘管樹葉是森林生態系統相當重要的驅動力，但和雨林樹葉相關的文獻還

1— 學名 *Toona ciliata*，楝科。
2— 觀察一些生物現象的發生時間和季節、氣候變化之間的關係。
3— 約四．五公尺。

是非常少，而一九七〇年代以前，大部分的雨林生態研究都是敘述性質，而非實驗類型。葉子在不同季節時會產生什麼變化？葉子的生長模式又是什麼？這其中可是包含了發芽、生存、壽命長短、死亡以及衰變等各種面向。我希望在研究中設計有效的實驗，然後以葉子為研究單位進行重複試驗。若是把整棵樹株當作研究的單位，那麼在複製研究時，不僅範圍太大，也不容易達成。

身為一個用功、又全心全意投入在研究工作的學生，我真的是把自己完全地投注到田野研究裡，滿腦子都是雨林樹冠。我當時的目標是研究澳洲東部最常見的亞熱帶和熱帶雨林樹種，試圖了解這些樹種的葉生長型態，以及食植行為對樹葉生存率的影響。我的研究問題包括：熱帶雨林樹冠層中葉子的壽命有多長？是什麼因素誘發新葉萌芽？為什麼樹葉會在溫暖的環境中死亡，冬季時卻不會掉落？

為了要研究這些問題，我給樹冠層裡上千片樹葉做了記號，仔細採樣，並將各種因素也考量進去，例如空間（以樹群、個別的樹木或枝葉為單位，看不同樹種、位置、高度的差異）和時間（以季節和年份來看樹葉生長的差異）。

我僅選擇了五個不同的樹種，做樹葉生長型態的比較，因為熱帶雨林樹冠有數千種，要全部研究是不可能的。我所選的五個樹種都有其生態上的重要性，並且也擁有特殊的保護機制，以阻絕昆蟲帶來的傷害（譬如非常螫人的細毛、異常堅韌、數量稀少，或帶有毒性）。

我超時工作，記錄著那些標識有記號的樹葉如何對抗草食性動物，這點對樹葉壽命來說非常關鍵。但我萬萬沒想到，有些樹葉竟然可以存活超過十二年，這也讓我田野研究所花的時間，比原本預期的還要更久。

驚訝之餘，這也反映了我從小在紐約州長大所形成的「溫帶本位偏見」，因為溫帶樹葉的壽命，大概只有六至八個月而已。

若想驗證雨林樹葉成長動態學的各種假設，我大可以選擇在地表高度的樹葉樣本，但如此一來，我的研究結果可能會有所偏差，因為地表的環境較陰暗，但絕大多數的樹葉都是在地表之上生長，沐浴在充足的陽光裡。我站在地面上抬頭仰望，還發現了另一個不該把自己局限在地面、非得登高進入樹冠層不可的理由：生物的多樣性，都是集中在樹頂。

草食性動物對樹葉的生長型態可能有著重大影響，一九七〇年代晚期，史密森尼學會的昆蟲學家泰瑞・歐文所收集的實證指出，地球上絕大多數的昆蟲棲息地都是在森林的樹冠層。一想到樹上可能充滿了各式各樣的昆蟲和植物，我對樹冠層又更感興趣了。

立志成為爬樹達人

我原本沒想過把爬樹當成職業，事實上，我曾經無所不用其極，尋找不需要爬樹的替代方案。像是訓練猴子，想辦法把大型長焦相機固定在滑輪上；或是冒著摔下山谷的風險，趴在懸崖上觀察與我視線同高的雨林樹冠。但是這些方法對於收集有效的研究資料來說，都太不切實際了，所以我決定成為一個爬樹高手！

我永遠也不會忘記自己第一次爬樹的經驗，那是一九七九年三月四號，剛好是我媽媽的生日，我爬的是一棵角瓣木[4]。這種樹在雪梨南方的皇家國家公園裡，可以超過三十公尺高。即便城市範圍不斷擴張，所幸澳洲東南部沿海還有幾處維護良好的暖溫帶雨林，那時我打算利用這一帶來收集光合作用的相關數據，也因為地點臨近雪梨大學，我希望可以善用資源，順便進行其他的研究工作。角瓣木是我研究的五個樹種之一，經濟效益也很高，它厚實的蠟質葉面，看起來就很難被昆蟲啃咬。

我很幸運地被當地一個洞穴探勘社團「收留」，他們教我如何使用攀爬的工具和繩索，不過他們的技術主要是拿來探勘地底洞穴。他們看我一點經驗都沒有，肯定覺得我很好笑吧。因為那時候澳洲都還沒有登山用品店跟戶外活動的產品型錄，我只好拿汽車的安全帶，聽從我的老師茱莉亞・詹姆斯和艾爾・瓦里亞德的指導，一針一線縫製自己的第一個安全扣帶。

我先在雪梨大學植物學系系館旁的一棵樹上實際練習，然後就直接攀爬角瓣木了，我也在那裡學會用彈弓在樹木上固定繩索以及垂降的方式攀樹。就像

4 — 學名 *Ceratopetalum apetalum*，火把樹科。

大多數的初學者，我努力想要改變身體的重心，好讓自己不要再晃來晃去，但我還是晃得一塌糊塗、東倒西歪的，雖然隔天我全身痠痛到不行，但是爬樹真的很好玩！

從那天起，我就再也沒往回看……或是往下看了！有了更進一步的指導，我想澳洲雨林裡任何一棵健壯的樹，我都有辦法攀爬到最頂端，帶著我的裝備：七十公尺的「藍水二代」攀登動力繩索、我自製的安全扣帶、兩個上升器、一個鯨魚尾環扣、一個自製的彈弓、一堆鉛錘和魚線，還有田野筆記本，我已經準備好研究樹頂上的各種生命了。

我在澳洲研究的那幾年，開了好幾十萬公里的路，為的是每個月到溫帶、亞熱帶和熱帶雨林定期觀測樹冠層的樹葉變化，我也列了一個實用的田野研究裝備清單（見附錄1）。這些野外旅程也讓我有機會看看澳洲內陸的生活，接觸這座島上的文化。

我也遇到好多和藹親切的人，他們的人情味豐富了我在田野的經驗，我會永遠銘記在心：在濕溽的樹林裡待了好多天時，好心的牧人給我蘇格蘭威士忌；多瑞格（Dorrigo）一個木雕師傅把籬笆木柱刻成美麗的碗，還教我怎麼辨識我最喜歡的樹的樹材；我的技術助理希金斯，他敏銳的雙眼和沉穩的雙手，在瞄準樹枝做固定點時幾乎沒有失手過；還有許多陪我一起到處採樣、忍受水蛭和高樹的朋友們。

此外，這些旅程中也不乏形形色色的其他人物：到國家公園偷雪杉的一群盜木者；那些被我渾身泥土、腰上掛把開山刀嚇到的奶吧（Milk Bar，即咖啡店）老闆們，嚇歸嚇，他們奶昔還是搖得超好喝的；一群反文化的澳洲人，醉心迷幻藥，總是在雨林裡收集果實和種子，處理後吸食；以及那個「蛾人」，只要當地酒吧的燈一亮，他就會準時報到；另外還有一位總是踩著高跟鞋的旅客，她偶爾會來國家公園，才走幾步路就尖叫道：「水蛭！！！」，然後便慌張踉蹌地跑回車上揚長而去。

我用單索技術完成澳洲雨林樹冠層的樹葉生長以及蟲害的博士研究。這項技術花費較低，也較容易操作，所以研究生都很喜歡以這種方式進入樹冠層。使用這個技術攀爬時需用到繩子、專業配備，還要有好眼力，才可以拿彈弓瞄準看好的樹枝，拋出繩索固定住。（攝影：羅伯特．普羅斯諾）

征服螫人樹

克服了最一開始辨識雨林以及爬樹的困難以後，我在國家公園及保育區裡，選了幾處做為長期研究的區塊，並在幾棵樹架好方便進入樹冠層使用的常設設備。最具挑戰性的樹種就是螫人樹，又稱金皮樹[5]。這種樹呢，顧名思義，葉柄和樹葉上全佈滿密密麻麻的小毛刺，可以輕易地刺穿皮膚，在傷口的表皮上釋放毒素。一九〇八年，一位澳洲的化學家派崔伊指出，螫人樹的毒性比一般的蕁麻還要強上三十九倍。巨大的螫人樹和普通的蕁麻都屬同科（蕁麻科），野生的蕁麻大概有三呎高，但是在雨林裡面的螫人樹卻可以長到兩百呎高。因為樹葉的壽命和生存率也是樹葉生長模式的其中一環，如此螫人卻有保護作用的毛刺，無疑激起了我的好奇心。

凱拉山保護區坐落於新南威爾斯州的臥龍崗市，有人告訴我保護區的螫人

5 — gympie-gympie，學名 *Dendrocnide excelsa*，蕁麻科。

樹很多，很適合作為研究的地點。不出所料，在有擾動[6]（如：土石流、造路）的懸崖上，正是這種先驅樹種（即在一塊空地或受干擾或是新生的區域最先出現的樹種）最佳的生長地點，在保護區裡的螫人樹，高度可達一百五十呎，直徑可達八呎，並沿著偶爾來紮營的童子軍所建造的步道系統生長。不過

以單索技術攀爬一棵巨大的木棉樹，這是我以繩索攀爬過最高的一棵樹，目的是為了研究祕魯亞馬遜河畔樹梢的附生植物。當地的巫師說，要神靈同意才可以讓我們攀樹，我們第一次拋射繩索就成功繞過樹枝，看來神靈對於我們的保育計畫也表示認同。（攝影：菲爾・魏特曼）

發現這一帶螫人樹的欣喜很快就被一位童軍領隊澆熄了，這個人常常不請自來，且過分熱情，害得我走童軍步道時很不自在，而且這樣對研究也有很大的風險，為了要避免這種尷尬，我決定從山的另一邊進入保護區，開闢我自己的路徑。

重新探勘地形以後，我找到了一個非常合適的山溝，這區塊可能根本沒有人來過。我第一次穿梭在這片我新發現的雨林區塊時，華麗琴鳥[7]也高歌不斷，有這種美麗的雀形目鳥作伴，是我在澳洲工作時非常獨特的享受。在我的研究地點棲息的鳥類，大多都是兩兩一對、有地域性的琴鳥。過去數年間，我有幸欣賞到無數地令人嘆為觀止的琴鳥求偶儀式。

琴鳥會模仿其他鳥類的叫聲，牠們常常將各種不同的鳴唱拼湊在一起，並且不間斷地重複很多次（感覺都不需要換氣），渾厚美麗的音調，不時在森林

6—發生演替時，必定有改變地表長存狀態的特殊事件，導致老林毀滅，啓動新林的發育，或產生一片新的土地與裸露的生長基質，此即生態學上所謂的干擾或擾動。

7—學名 *Menura superba*，琴鳥科。

裡迴盪。我在澳洲從事研究的那幾年，琴鳥一直是非常珍貴的同伴，但很諷刺地，在凱拉山保護區裡的琴鳥，還會模仿一些不尋常的聲音，譬如說狗叫聲、割草機的噪音，或是卡車倒車的聲音，這些聲音或許也是對這一帶快速的都市發展，一種預言式的告誡吧。

我在我的秘密山溝裡，選了幾棵要攀爬的樹木。對付螫人樹呢，我會先爬上它旁邊那棵樹，然後再攀近螫人樹的樹枝（我有戴手套）。每次採樣，免不了都會被毛刺螫上幾回，但後來我也愈來愈習慣這種像蜜蜂叮的刺痛感，就連已經枯死的樹葉都還是很螫人。也因為要不停的採樣，搞得我雙手上的紅腫好像永遠不會褪似的。

我採樣的方法其實很簡單。首先我會拿一隻防水筆，依序在不同樹枝、不同高度、不同棵樹的樹葉寫上編號，再每個月固定回去記錄樹葉的生長狀態、損壞程度、顏色變化和最後的死亡階段。我也記錄葉片上受到昆蟲侵害的範圍，並將葉片生長的模式和資訊記錄在筆記中。有了這些長期的測量和記錄，我很快就整理出雨林中上千片樹葉的生長模式，並彙整成一個龐大的資料庫，樹葉上的記號意外地保存良好，也讓我能夠持續觀察每一片樹葉，直到它們枯黃老去。

我也在地面架設枯落物收集盤，每個月採集落葉樣本，測量樹木、樹葉以及花朵的重量，這也是計算森林生物量很傳統的一種做法。架設枯落物收集盤需要一個一平方公尺的收集網，並以塑膠管做的支架架高。

我記得我第一次架設收集盤時，遇到一個始料未及的阻礙，澳洲工會讓我吃了很大的苦頭。首先是大眾運輸罷工，再來是連續兩個月的暑假，那段期間我根本沒辦法買到製作收集盤所需的材料。澳洲工會的強勢，讓人們部分的生活所需完全被箝制，這些推遲和阻礙教了我寶貴的一課：一定要事先訂好研究計畫。

後來我終於架設好收集盤和攀樹設備，一個月過後，我迫不及待想回去看收集盤裡收集了什麼，也等不及進行第一次樹葉的樣本觀察。時序正值九月，

8 — 學名 *Pseudomaja textilis*，眼鏡蛇科。

是澳洲的初春。我向下走到山溝裡，被腳邊會動的土地嚇了一跳，原來我匆匆忙忙地，差點踩到澳洲棕蛇[8]。這種毒性極高的蛇類，在屬繁殖季節的春天攻擊性特別強，因此我慢下腳步、小心地前進。但我被眼前的一幕給嚇傻了。整片山溝地上滿滿都是蛇，而且全都是毒性超強的棕蛇，這群棕蛇想必是在陽光最充足的地點曬著日光浴……小心啊，印地安納瓊斯！

我躡手躡腳地離開滿是棕蛇的山溝，如釋重負地安全回到大學的交通車

螫人樹甲蟲（學名 *Hoplostines viridipennis*）。這種善於偽裝的甲蟲，只吃螫人樹的樹葉，絲毫不受葉片表面佈滿密密麻麻毒毛刺的影響。即便樹葉表面有防衛機制，螫人樹的蟲害性落葉比例，依舊是澳洲雨林樹種中最高的。（繪：芭芭拉·拉里森）

上。這個危險的阻礙迫使我不得不放棄整個山溝，不這樣做的話，我的雙眼可能沒辦法專注在樹冠，而是得緊盯著腳邊的土地了。後來我在凱拉山保護區有著豐富螫人樹的某個下坡處，找到一小塊的雨林區，不過沒有成群的棕蛇，也沒有惱人的童子軍領隊。

根據測量的數值顯示，即便有毛刺保護，螫人樹冠層的樹葉每年還是有高達百分之四十二的樹葉表面被草食性動物啃食殆盡。一種具有宿主特異性的葉甲蟲[9]，已經演化至專門吃這種名符其實的針墊。跟其他澳洲雨林樹種相比，螫人樹冠被蟲食的比例，也是我測量過程度最高的。失去如此大面積的光合組織，螫人樹怎麼還有辦法存活呢？為什麼螫人毛刺保護不了樹葉呢？

原因很簡單，螫人樹的生長速度快，加上葉組織吸收的養分相對較少（葉片薄小、生命週期短），因此可以輕易淘汰受侵害的樹葉，卻不會造成樹株死亡。而有效阻絕人類的螫人毛刺，對甲蟲來說可是一點威脅都沒有。據說亞洲

9 — 學名 *Hoplostines viridipenis*，金花蟲科。

是蕁麻科演化的地方，這種毛刺的植物防衛機制，能有效遏止了許多哺乳類動物的捕食。不過對此我仍心存懷疑，因為即便被有毒的毛刺保護，螫人樹所受到的昆蟲侵害，仍比我測量過的其他雨林樹種都還要嚴重。不同樹種間落葉的比例差異相當顯著，這是非常驚人的發現，也是未來可以繼續研究的方向。

在「湯姆小屋」的克難生活

我第二個長期觀測的野生地點，是位在新南威爾斯洲的新英格蘭國家公園、海拔一千七百公尺的一處寒溫帶雨林（或稱高山雨林）。澳洲這一帶以前被戲稱為新英格蘭，因為這邊有落葉樹種（櫟樹、楓樹），秋天一到，整片森林紅通通的，就像我的家鄉紐約州一樣。我在新英格蘭國家公園裡的野外駐紮地，是個叫做「湯姆小屋」的木屋（聽當地人說這名字是源自國家公園裡最早的一位管理員，我一開始還以為是出自斯托的著作《湯姆叔叔的小屋》）。

小屋的位置介於雨林和濕硬葉林的交界（過度帶），坐落在我要研究的第三種樹群——南極山毛櫸[10]之中。湯姆小屋似乎永遠都不見天日，這裡充滿濃霧、苔蘚、菌類，總是被雲霧壟罩、不時還有毛毛細雨，冷風不斷從海岸線吹送到這個向東的山壁。寒風常常演變成暴風雨，吱嘎作響的樹枝和樹木倒塌、撕裂的劈啪聲，成了我瑟縮在小屋裡記錄葉面積和細數昆蟲種類的背景音樂。

小屋裡沒有電，但卻有個吃瓦斯的大型淋浴間，大到可以容納一隻牛（這是管理員說的）。爬完一整天的樹後總是又濕又筋疲力盡的，這時候回到小屋，如果瓦斯筒是滿的，便可以好好洗個熱水澡，那真是一大享受。要是瓦斯筒是空的，真的會讓人很崩潰，但這種事常發生，次數多到我已經不想數了。

湯姆小屋裡有油燈、火柴、糧食補給和筆記本，它成了我征服寒溫帶雨林樹冠的陸上基地。我還被一隻當地的斑尾袋鼬[11]「接納」了，牠後來溫馴到敢溜進小木屋裡，明目張膽吃掉我烤架上的肉排。雖然可惜了那塊肉，但是能夠

10 — 學名 *Nothofagus moorei*，殼斗科。
11 — 學名 *Dasyurus maculatus*，袋鼬科。

近距離親眼看到這種稀少的有袋動物，實屬難得。

孤獨的力量

像我這樣一個女人，獨自在野外工作好幾個禮拜，卻幾乎沒有碰上什麼讓我擔心害怕的事情，算是很幸運。只有幾次當地人從酒吧回家後，走錯了路，跑到木屋門口狂亂敲門，其他時間我幾乎都是一個人待在湯姆小屋過著與世無爭的生活，沒有我的世界還是照常運作。

大多數的澳洲男人可能都覺得我是異類吧，我就曾被我公公揶揄說我的Rockport登山靴是他看過最醜的女鞋，另外我也根本不會用熨斗（在澳洲鄉間，這可是找老公的必備技能之一）。絕大多數的澳洲男人，聽到我獨自跋涉一萬哩，到偏遠的地區研究樹冠層，不只覺得我荒謬，也認為我動機可疑。更別提開了一百哩路的車，只是為了追求廚房和臥房裡用不到的知識和想法，說出來大概會讓很多住在鄉間的澳洲人，不管是男人或是女人，都覺得我很可笑吧。

在野外的時間多半是孤獨的。田野調查就是這樣，必須長時間觀察、收集資料，然後還要撰寫研究成果。但是這種孤寂卻讓我更堅強，因為孤寂讓我學會培養自信。

UFO的逆襲

寒溫帶或是雲霧森林的外觀，讓我想起兒時的溫帶落葉林。南極山毛櫸和北方落葉林裡的美洲山毛櫸是有親戚關係的，在大洋洲的寒溫帶雨林，從昆士蘭南部往南一路延伸至塔斯馬尼亞和紐西蘭，都是遠古南極洲雨林的殘存物。這一帶的寒溫帶雨林是自然界天然發生單純林的迷人例證，山毛櫸占了雨林樹冠的百分之九十五，渾然天成，非常特別（森林中若有一種樹佔絕大多數，即稱為「單純林」）。

新南威爾斯州有著一大片南極山毛櫸純林，亦即這片森林對食葉昆蟲來說可能是一頓大餐。為什麼山毛櫸有辦法成為單純林，不受蟲害？難道這個樹種會分泌毒液保護自己嗎？南極山毛櫸就是我第三種研究樹種，它讓我想進一步探討，單純林如何讓自己免於流行蟲害。

我在湯姆小屋研究的那幾年，遇到了我生平第一個奇異的「不明取食生物」（UF0，unidentified feeding organism）。一九七九年十月，南極山毛櫸突然被某種不明的草食性動物攻擊兩個禮拜，損失的葉面積相當慘烈（唉，那時我人居然不在那），然後就消失了，牠們唯一留下的是遍地枯殘的落葉，其餘一點蛛絲馬跡也沒有。在我的職業生涯中，我總是在觀察食葉害蟲所留下來的線索，然後耗費好幾個鐘頭、數星期，有時候甚至是好幾年，才能找到啃食的元兇。

南極山毛櫸的長葉模式有點類似溫帶樹種（譬如說它的近親樹種——美國山毛櫸），大約有一半的葉子都會在每年的春天（九月至十月）長出來，到了秋天（四月至六月）有一半的葉子會開始枯萎。因著長葉期會有大量新葉萌發，有些伺機性昆蟲的生活週期早已同步演化，會在最適當的時機攻擊山毛櫸樹冠，大口啃食柔嫩的新葉。每年山毛櫸都被這種UFO所侵害，喪失將近一半以上的新葉。

因為這個食植模式是有季節性的，所以我必須等待一整年，才有辦法收集到第一批大量落葉，做第一手觀察，所以我其實相當緊張，也很擔心，如果食葉害蟲隔年不出現，也是很有可能的事情。或許一九七九年的事件，是個每二十五年才會發生一次的週期現象，我可能永遠都找不到真兇。即使心裡這樣想，隔年春天我還是準備了所有必需品，出發到湯姆小屋長期抗戰，我也打造了幾個硬材製造的梯子，固定在櫸木的樹幹上，讓我不論晝夜晴雨，都可以順利進入樹冠層。

以母校命名的新種甲蟲

九月下旬的第一個回暖的晚上，我的辛勞終於有了回報。我拿著手電筒，在樹冠層裡面到處探照，發現嫩葉上懸掛著細細的絲線，上面有幾隻迷你的毛毛蟲在蠢蠢欲動，但是牠們並沒有在啃食嫩葉。連續幾天我都回去觀察，毛毛蟲的數量明顯暴增，結果每片嫩葉上差不多都有十隻毛毛蟲，而且牠們還大口大口地吃著葉子！

這些毛毛蟲會先吃掉最頂端的樹葉，因為那些葉子新生的組織，又嫩又柔軟。慢慢地毛毛蟲愈變愈大隻，口器也變得愈來愈強壯，牠們就會像除草機一樣，逐漸地沿著樹枝向下吃起其他葉子，吃的葉子愈來愈堅韌，身體也愈長愈大。我仔細記錄這些毛毛蟲的數量以及啃食速度，然後，如同牠們毫無預警地出現般，後來也突然全消失了。嫩葉層被啃得只剩下枝椏，我也還來不及收集幼蟲，沒辦法養大之後再加以辨認，食葉害蟲又一次全身而退。沮喪之餘，我只好回到雪梨，等待下一年，再來完成我的櫸木與食植行為冒險記。

隔年，如同我預料的，同一種幼蟲又出現了，而且再次大量啃食櫸木新生的嫩葉。這次，我有更多餘裕觀察不同的樹株，發現並不是每個櫸木樹群都有幼蟲，看來這種食葉動物並沒有辦法一次佔據森林裡的櫸木。不管是什麼生物，只要不是以規律的方式，而是以塊狀分布，很有可能是為了躲避捕食者，有些科學家認為，在森林中以塊狀分布的植物，很有可能因為它的分布方式，進而躲過草食性動物的侵襲。

這次，我小心翼翼地收集了一些幼蟲，並剪了健康的櫸木樹枝，一併放在大型的塑膠袋裡，然後全部放到車上，帶回我在雪梨的小公寓裡，客廳頓時成了迷你的櫸木森林。我在地上放了一桶桶的樹枝，讓幼蟲盡情地進食，度過不同階段的蛻皮期（成長中的幼蟲，會經歷階段性的蛻皮）。接下來牠們進入蛻變的階段，變成一顆顆晶瑩白色的小球。這些蛻變後的小小身軀，會一個個掉在地上，過了兩至三個星期以後，成為一種金銅色的金花蟲。在雨林裡，這些幼蟲會掉到地面，被腐植土覆蓋，去年牠們就是這樣逃過我的法眼的。

這個神祕又重要的草食性動物的成長階段，終於被我記錄下來了。我興高采烈地拿著樣本到雪梨大學，找動物學系的昆蟲學家辨識，但是他們卻無法判辨。我只好把樣本拿到雪梨的澳洲博物館，結果也一樣。我再把樣本帶到澳洲科學與工業研究組織（CSIRO）在坎培拉的昆蟲學部門，那裡的專家居然仍束手無策。他們告訴我，這很有可能是一個未命名的金花蟲，所以我決定把樣本寄給任職於英國的新堡大學、世界聞名的金花蟲科專家布萊恩·沙曼博士。這個草食性動物身分認定的旅程，居然與國際接軌。

幾個月後我收到令人振奮的結果，原來這個草食性動物真的是個新發現的金花蟲物種。布萊恩將牠的學名訂為*Nothfagus novacastria*，一則是取宿主樹假山毛櫸木的屬名，再則這個物種發現地的北方一百哩就是澳洲的新堡，沙曼博士又是任教於英國的新堡大學，因此就以「新堡」兩字為名（novacastria是新堡Newcastle的拉丁文）。沙曼博士對我的新發現又愛又恨，因為這個新種完全推翻他最近針對金花蟲系統發展史所發表的論點。

我自己則是把它命名為古爾甲蟲（the Gul beetle），做為我的母校麻省威廉斯學院建校兩百週年的紀念禮（威廉斯的拉丁文為gulielmensian），我沒辦法像其他人一樣大手筆捐款，不過身為一位田野生物學家，能夠以母校之名為新種命名，應該也是項不錯的賀禮吧。

雖然古爾甲蟲的外觀不是很起眼，但是牠的生命週期和賴以維生的植物幾乎完美合拍。牠順應櫸木長葉的季節週期，並在短期內大幅影響樹葉的生存率。櫸木有百分之五十一的新葉被草食性動物啃食，相較於其他森林，這個數字非常高。但是在我十二年的觀察生涯中，卻沒有櫸木因此死亡。

當然，對於可以活上好幾千年的樹種而言，十二年是極為短暫的，可能還要再研究個十幾二十年，才有辦法看出甲蟲對於櫸木生存率的顯著影響。而甲蟲的數量也可能每幾年就出現波動，在暴增期（譬如一九八〇年代）後出現休眠期。昆蟲與植物的關係比我想像得還更複雜，尤其是在高大樹林裡，要觀察各種現象更是難上加難。

在我的研究生涯中，古爾甲蟲並不是唯一的神祕食客。事實上，樹頂的草食性動物，不管是分布的空間（有時候牠們會躲在樹葉或是樹皮裡），還是出現的時間點（通常都只出現一陣子），多半都難以捉摸。

研究的頭兩年其實充滿挫敗，我幾乎沒發現什麼草食性昆蟲。我花了很多時間懸吊在繩索上，但是卻鮮少看到牠們的蹤跡。對此我也大惑不解，因為很多樹木的新葉面積，都以每年十五到五十個百分比的速率減少中，和多數的北方溫帶落葉林比起來要高上四至五倍，我不禁自問：

一、如此大量啃食樹葉的草食性動物是什麼？牠們究竟位在何處？
二、是不是所有雨林的樹冠層都被嚴重蟲蝕，又或這只是澳洲雨林的特例？

探究第二個問題的答案，或許得花上我大半輩子的時間，但是出乎意料地，答案出現的比我預期的還快。

我的溫帶雨林研究地點位於多瑞格國家公園裡較偏遠的地區，我叫它「夢幻島」（身為小飛俠彼得潘的粉絲，我想這個名字很適合拿來做為我研究地點的代稱）。有天晚上，我要到屋外上廁所，耳邊卻傳來陣陣的啃食聲，拿起手電筒一照，發現好幾隻竹節蟲（竹節蟲目）正忙著啃食黑荊樹[12]的新葉。讓我又驚又喜的是，原來夜間啃食行為是森林裡司空見慣的事，這可是重大突破啊。雨林樹冠層大多數的草食性動物，都是在夜間而非白天出沒。根據這項發現，我開始改變觀察的作息，夜探昆蟲成了我研究中很重要的一部分，也因此有了更多驚人的發現。夜間觀察的成果非常豐碩，我發現澳洲雨林樹冠層的草食性動物，主要有甲蟲（鞘翅目）、蝴蝶幼蟲（鱗翅目）、蚱蜢（直翅目）以及真正的昆蟲（半翅目）。

我在澳洲雨林研究的這段期間，並沒有發現任何脊椎動物導致樹冠層大量失葉（不過我後來在其他的大陸上有遇到）。粉紅鳳頭鸚鵡和其他鸚鵡在求偶儀式中，偶爾會做出折取樹枝的古怪行為。樹袋鼠雖然是草食性，但牠們只分布在昆士蘭較北方的小塊雨林區。無尾熊算是澳洲裡數一數二的草食性動物，但是牠們只吃旱林裡的尤加利樹。

爬樹的工具

在夜間觀測地面、樹葉與食植行為並不算太難，但要在樹頂上進行這些研究，簡直是難如登天。我多半是以單索技術（SRT）進行田野工作，以便垂

12 — 學名 *Callicoma serratifolia*，火把樹科。

直攀上單棵樹株，這個技術也可讓我輕鬆地在樹株之間移動。雖然把爬樹當工作，聽起來好像是小孩子的夢想成真，但在繁茂的森林裡爬樹，的確充滿挑戰性。

首先，要在樹枝上找到套索固定點，以進入更高的樹冠層，我們需要有熟練的彈弓運用技巧。但是彈弓被列管為非法武器，所以我第一個彈弓就是拿金屬棒，拗成Y字型自製的。我們想方設法，要把魚線射到高到根本碰不到的樹冠樹枝上。這種技巧需要兩個人合力完成，一個人拿彈弓想辦法把圓形的鉛錘射到樹枝上，另外一個人則拿著綁在鉛錘上的魚線。我們之間的對話也很好笑，比如怎麼找到合適的樹杈啦（crotch，也有胯下之意）、要怎樣才能讓鉛錘上的球（ball，也有睪丸之意）更瞄準樹枝一類的，而且常常邊弄邊罵，因為要瞄準樹枝真的是件很累人的事情。

再者，樹枝通常都比看起來更高；藤蔓也好像會自己伸出魔爪，抓住魚線，然後死死地纏住解也解不開；有時候鉛錘發射出去後，就自己很開心地脫線往外飛到不知到哪裡去；有時候魚線還會垂掛在樹枝的頂端，怎樣就是不肯滑到樹杈裡。

一旦魚線穩穩地環繞在強壯的樹幹上，卡在樹杈裡，我就會再以一條尼龍線固定住，作為日後抛擲攀樹繩索的參考點。我從來不會把攀樹的繩索放在外面過夜，因為喜歡東啃西啃的囓齒類動物、什麼都吃的螞蟻跟白蟻，以及陽光和雨水的侵蝕力，可都是破壞繩索的高手。我的生命可說是完全繫在攀樹繩索的強度上呢。

獵槍也可以採集到樹冠樣本，但是這樣的取樣數量不但有限，還相當具有破壞性，對我的研究也沒有太大幫助。有時候需要樹冠層最頂端的花朵樣本時，我就會利用獵槍把樹枝打下來，但是我的肩膀卻會因槍的後座力而嚴重瘀青。

阿爾文・金特利（世界聞名的植物學家，一九九四年不幸在厄瓜多的墜機

13 ― 無釘爬樹器，類似腳扣。

中去世）為了在澳洲北昆士蘭的樹冠層採樣，獨創了一種爬樹工具——腳踏爬樹器[13]，我也考慮過使用這種方式進入樹冠層。這工具很適合用來攀爬挺直、分枝少的樹幹，阿爾文也因此成功採集了無數果實和花朵，以進行分類學的研究。但是腳踏爬樹器對我生態採樣卻沒什麼用處。

鳥糞雨與卡樹驚魂

獨自一人在雨林樹冠中工作的缺點很多，我就只有這麼一雙手和一對眼睛，永遠沒辦法觀察到所有的草食性動物，也沒辦法單憑一己之力就在短時間內收集到所有重要的樹葉樣本。這些年來，樹冠層的研究除了有我的努力以外，還有一群志工的熱心幫忙。他們全是來自一個相當創新的組織——守望地球組織（Earthwatch）。該組織招募志工，幫助科學家在田野間進行工作，藉此提倡研究的重要性。

一九八〇年，第一批來支援的守望地球組織志工加入我的研究工作；接下來的十年，更有超過兩百五十位志工成為我在雨林樹冠研究的生力軍，給我靈感、豐富我的研究成果。因為這些志工的協助，讓我得以收集更多樹葉和昆蟲的樣本。團隊合作的精神除了讓田野研究變得新鮮有趣以外，更讓人留下許多難以忘懷的回憶。

說到我和守望地球組織在澳洲的第一次探險，有件事我印象特別深刻。那天是我們在森林裡採樣的第一個晚上，我請十一位隊友在一棵巨大檫樹[14]下和我碰頭，我們要在那裡設置多個誘蟲燈，以比較高低樹冠之間蛾的數量有何不同（檫樹為常綠樹，樹葉表面有蠟質粉，這種樹在澳洲各種森林裡都可以看到，也是我研究的第四個樹種）。

到了又濕又黑的集合地點後，我開始向新手志工解釋怎麼架設誘蟲燈、今天我們誘捕的昆蟲是什麼。突然間我們頭上出現雷鳴一般的聲響，整棵檫樹好

14 — 學名 *Doryphora sassafras*，香材樹科。
15 — 學名 *Alectura lathami*，冢雉科。

像飛起來一樣，原來剛剛大概有二十五隻叢塚雉[15]在樹上，我們的手電筒和噪音肯定是打擾到牠們了。但最慘的還是我們，因為叢塚雉被驚嚇時會大量排泄，就這樣，羽毛和鳥大便如大雨般落下。大家都傻掉了，驚嚇之餘還超臭。隊員們一個個默默回到房間沖澡，留下我兀自擔心這場大便雨可能永遠澆熄他們對科學的熱忱。但是隔天晚上他們全都出現了，每個人身上不是披了浴巾，就是穿上了斗篷雨衣，得意地把頭跟肩膀包得緊緊的。

那次命運乖舛的探險還不只這樣，一位志工在爬樹練習時慌了手腳。那時候妮琪剛好懸掛在檫樹的最頂端，有條繩索卻卡住上升器，怎麼樣都打不開。我們不斷祈禱，並把一把瑞士刀以繩索送上去，我想這絕對是我人生中最心急如焚的時刻之一，我滿腦子不斷想著：她會不會割錯繩子？我的技術助理希金斯真的太神了，他一步一步告訴妮琪該怎麼做，成功地用口頭指導的方式讓妮琪自己脫困。直到現在，妮琪還會寫信告訴我，那天真的是她人生中最刺激的一天，甚至比她擔任空軍噴氣式飛機的駕駛工作還要刺激。

守望地球組織的志工一直付出許多時間與精力，協助我在澳洲以及其他地方的研究。我現在則是該組織的專家顧問。我很榮幸加入如此傑出的組織，一同擔負環境保護的神聖使命。

我也找了雪梨大學的學生協助我的研究工作，那時候有好幾位學生在偏遠地區進行田野調查，所以我們常常彼此輪流陪伴，一同進行研究。我還記得有一次我在大堡礁那裡的孤樹島待了好幾個禮拜，那段時間非常有趣。我協助學生研究珊瑚礁叢的呼吸系統、蝴蝶魚在塊礁區的族群集動力學，以及海洋水柱的浮游生物。我還自告奮勇到大堡礁較偏遠的礁區，下海幫忙抓海蛇做記號，據說那可是世界上最毒的爬蟲類。但是我得承認，海蛇研究的確拓展了我對認知科學的定義（參見第三章）。後來這群學生也協助我架設攀樹的繩索和設備、記錄樹葉狀態、勘察場地，或是開車載我往返於路途甚遠的各個雨林間。

差點被海關查扣的禮物

有位來自田納西州的守望地球組織志工，因為在昆士蘭讓他體會到我自製的彈弓有多難用，他回去之後很好心，寄了一把超棒的美式彈弓給我（在草叢裡找到一把槍，要比發現彈弓容易多了）。後來這個意外的禮物卡在雪梨的海關，我接到警方打來的電話，說因為裡面有違法物品，所以他們已經沒收了我的包裹。我花了好幾個月申請許可證、費了好大一番功夫，說明這個武器真的是我科學研究需要的，才終於收到包裹。

但我覺得自己還是淪為海關人員的笑柄，因為包裹裡面不是只有彈弓，居然還有一套迷彩內衣跟一瓶香水，這位可愛的志工忍不住要把最潮的叢林內衣寄給我（與我共事的守望地球組織志工都會開玩笑說我的穿著永遠不變，因為我再怎麼穿都是卡其色，也有人開玩笑說我的內衣肯定也是迷彩的）。我的技術指導希金斯，在進行這次野外研究之前剛好訂婚，所以那位可愛的志工也送他未婚妻一瓶香水。至今我都還懷疑，我的名字是不是在雪梨海關的黑名單上，還附註：怪怪的科學家，在森林裡從事不明活動。

新彈弓不只讓我能更準確地套索，也吸引很多男同事主動說要陪我去野外研究，但他們根本就只是想要用用看這個超酷的「男生玩具」。我得承認，沒有半個女同事對我這個特別的研究工具感興趣，但是有很多澳洲農夫都很羨慕我有美式彈弓，還常常跟我借去解決他們農場裡惱人的兔子跟狐狸。

史上第一條樹冠步道

我在昆士蘭主要的幾個野外研究地點，都和歐萊利一間經營的雨林旅館相毗鄰。幾年下來，他們也好像成了我的家人一樣，我們常常一起分享對雨林自然歷史的熱愛和知識。

爬樹數年之後，我開始因為繩索的諸多限制感到受挫，繩索可以讓我自由上下樹冠，但卻不太能往水平方向移動。後來歐萊利一家人利用當地的資源，加上我不斷從旁鼓勵，打造了世界第一條（就我所知）結合生態觀光與研究用途的樹冠步道。這種進入樹冠層的嶄新方法，大大拓展了我樹冠層的研究視野，也讓旅館的旅客能更深入體驗雨林。不管是夜晚還是風雨來襲時，這條空中走廊都讓我仍有更足夠的時間採樣，也可以讓團體一起在樹冠層裡做研究。

樹冠步道的結構簡單、對環境的影響低、安全性又高，讓進入樹冠層變得輕鬆，對於樹冠層研究來說，無疑是最佳工具。幾年後，有鑑於樹冠步道帶來的研究效益，我開始在世界各地打造其他步道（參見第五章）。

過去十年間，我和上百位學生以及守望地球組織的志工，利用這種空中走廊探索步道周遭的樹冠層，不必擔心使用繩索帶來的風險，志工也可以盡情培養對樹冠層的好奇心。從一九八五年樹冠步道完工至今，歐萊利一家人已讓上千名遊客親身體驗雨林的樹冠層。這家人在我熱愛樹冠的無國界大家庭中，是非常特別的一群，他們的旅館至今仍舊是個樹冠研究的中心。

我的第五個研究樹種為紅椿[16]，之所以會選擇研究紅椿，是因為它被視為澳洲最棒的家具木材，經濟效益頗高，也是刺激澳洲從事森林保育的一大主因，因此我想要更進一步記錄該樹種和昆蟲病害之間的關係。

二十世紀早期，商人進入雨林尋找、砍伐紅椿，是澳洲雨林遭破壞的罪魁禍首，再加上一種叫做歐洲松梢蛾的蟲害疫情爆發，也導致紅椿大量落葉。因為我對紅椿特別有研究，所以在我做研究那一帶的澳洲男人間還算有名氣。有一天我向當地的扶輪社介紹紅椿和松梢蛾的相關研究，他們居然把歐洲松梢蛾（tip moth）聽成「乳頭蛾」（"tit" moth），這誤會至始至終沒有解開過，只要我到鎮上，就會有路人問我最近乳頭蛾的情況有沒有改善！

從一九七八年到一九九〇年，我在澳洲生活了十二年。這期間，我花了五年的時間在雨林樹冠層做研究，做為博士研究的主題，剩下的幾年則是在旱林、和善盡為人妻人母的義務間來回奔波（不過這順序不是按重要性來排的）。我已經往返於那些雨林的田野研究地點十年了（可能更久，因為我現在每年都還是會回去），這經驗對我來說非常珍貴，因為我得長時間觀察植物和昆蟲之間的交互作用和關係。

16 — 學名 *Toona ciliata*，楝科。

一般認為，雨林裡大部分都是壽命約一到三年的常綠葉，不過這個說法已經被改寫了。因為我長期研究的資料顯示，有些樹葉（例如櫲樹的蔭生葉）的壽命可長達十五年之久；相較之下，同樣一棵櫲樹的樹葉，因為位在樹冠層，陽光充足、空氣流暢，壽命就只有二至三年。

樹葉生長模式的變化很大，更有間歇性（整年都長葉，但有時快慢速度有別）、連續性（每年的每一個月持續長葉發芽）、季節性（只在特定季節長葉）、落葉性（每年有段時間會固定落葉）等物候差異。草食性昆蟲通常只在夜間進食，跟成熟的葉片相比，新葉（鮮嫩，毒性也較低）被啃蝕的較為嚴重。

雖然長時間不斷採樣有時會讓人感到枯燥乏味，但是這些資料集只會益發珍貴，有些模式在短期內並不明顯，然而一旦把時間拉長，就很容易觀察到了。

第二章

我在澳洲內陸的生活

囚犯流放國度——澳洲，其堅忍的本質，造就了從孤獨和磨難中而生的小草精神。安逸的生活使人軟弱、久居在家容易喪志，一個「真正的男人」不會安於現狀，也蔑視真情流露……。

災難的出現可能毫無預警——鮮為人知的疾病，可以一舉帶走辛苦豢養的家禽和牲畜；不論大人或小孩，都可能死於蛇咬、破傷風感染或是墜馬意外。災難也可能會隨著乾旱逐漸降臨。災難無所不在，女人成天獨自在家，有的是足夠的時間為這些事煩惱上一整天。

——吉爾・凱爾・康威，《庫倫來時路》，一九九〇年

有鑒於我的博士研究幾乎是在雨林完成的，我可能是澳洲一九八〇年代早期，唯一有科學實作經驗的樹冠專家。也因為這個特殊的背景，我獲得到一個博士後的工作機會，協助解決牽涉到龐大經濟效益和情感的生態問題。

那時候澳洲鄉間有好多樹瀕臨死亡，更糟的是，一種神祕的病害在澳洲肆虐，嚴重影響森林植群中的優勢森林物種——尤加利樹[1]。尤加利樹是澳洲的國樹，在文學、歷史和生物學都不乏對它的描述。澳洲的尤加利樹超過五百多種，而且這片乾燥大地有百分之九十五的樹是尤加利樹，然而該樹群卻深受某種流行病害的侵襲，葉片不斷掉落，導致樹株死亡。這種症狀稱做「桉樹枯梢病」，直至一九八〇年代中期，有上百萬棵樹患病卻無從醫治。

為什麼會有枯梢病？地主要如何挽救逐漸崩壞的地貌？為什麼澳洲內陸鄉間的樹群分布較稀疏，但災情卻最為嚴重？這些正是我博士後研究的核心，也是我後來幾年持續探討的問題。

因為枯梢病似乎是源於樹冠層，因此我利用在雨林習得的爬樹技巧加以研究。這個必須應用科學方法來解決的挑戰是如此嚴峻，其中牽涉的生態複雜度，遠比我想像中還要高。而我的私人生活，也因結婚生子而遭遇到情感上的衝突挑戰。

桉樹枯梢病的嚴重肆虐

一八七八年首次出現桉樹枯梢病的症狀記載。一位名為諾頓的農夫在日記裡寫道：「上千英畝的土地，尤其是在新南威爾斯的新英格蘭地區，似乎被某種疫情帶來的死亡壟罩，萬千森林無一倖免。」（摘自《昆士蘭皇家學會會刊，卷三》）往後的一百年間，澳洲爆發的枯梢病以不規律的週期，重創西澳

1－學名 *Eucalyptus sp.*，桃金孃科，桉屬。
2－學名 *Eucalyptus marginata*，桃金孃科，又稱赤桉木、澳洲紅木。
3－學名 *E. nova-anglica*，桃金孃科。
4－學名 *E. drepanophylla*，桃金孃科。

的紅柳桉樹[2]、新南斯威爾中部的桃花心木[3]，甚至直至昆士蘭的鐮葉桉樹[4]也通通遭殃。其實在澳洲內陸，這種病害的疫情時有所聞，但是一九八〇年代，枯梢病害已經達到了流行病的程度。

也因為枯梢病似乎在鄉間比較嚴重，所以我從雪梨市中心搬到新南威爾斯中部一個叫阿米代爾的小鎮，研究這個難解的環境生態疾病。阿米代爾擁有澳洲第一間鄉村型的大學——新英格蘭大學，在那裡，我和許多農業科學家、生態學家互相交流研究。我也拿到一筆澳洲聯邦政府的補助，調查蟲害爆發和鄉間尤加利樹健康狀況的潛在關聯。

待過雪梨之後，會覺得澳洲鄉間根本就是另外一個世界，就連人們說話口音還有用語都不一樣。許多的「資產」（也就是牧場或是農場）都已經傳承超過五代了。彼時，遷移到這一帶的人，只要可以整理出一塊地並建房住下來，就可以無條件獲得那塊地的所有權。

早期屯墾的移民來到這片與世隔絕的土地，面對的是無比嚴酷的環境條件：乾旱、強風、水災、疾病、不適耕種的粘土地、毒蛇、流行蟲害、野兔猖獗、砍伐森林開墾土地遇到的各種挑戰，還有其他諸多的阻礙。也因為如此，這些農牧場主人與生俱來就有十分堅毅的性格，對待土地和家禽也都非常忠誠。

進入新南威爾斯的新英格蘭區，就會看到寫著「榮耀新英格蘭」的看板歡迎你，這句話用來形容過去的確名符其實。但如今在一個個看板後面的，是一片槁木死灰的景色。澳洲鄉村應有的祥和、柔美的景致，全被乾癟焦枯的尤加利樹給取代，光禿彎曲的樹枝無奈地朝向天際伸展，彷彿也都放棄了掙扎，默然接受挫敗一樣。羊群在樹底下已經無處乘涼，大地一片死寂、蔓草荒蕪。

新英格蘭區是枯梢病肆虐最嚴重的地區之一，另外還包括澳洲西部、南昆士蘭，以及澳洲首都領地。枯梢病的症狀很明顯：樹冠呈現不同程度的損害、衰落，最後整株樹死亡。

尋找啃食樹葉的兇手

枯梢病就像一個謎團，根本找不到連結這個複雜病害的致病因素。不過它有個顯著的特徵：似乎都是從樹冠上層開始生病，而後下層的樹枝也枯死。辨識枯梢病最好的方法可能就是觀察症狀：首先，樹株會失去生氣，從枝椏的末端開始枯瘻，然後蔓延至樹枝、樹幹。因為樹株從最外圍凋零，死掉的樹枝會比殘餘的樹葉更向外突出。

樹冠外層大量枯萎後，樹幹和主要的樹枝開始發新芽長新梢，這些新梢稱作伏長枝或是駢幹[5]，是樹木最後奮力一搏、努力製造樹葉以光合作用的機制。有時候長新枝的樹，看起來好像變健康了，但大多數只是迴光返照。新枝萌生的現象大概會出現好幾輪，而且每一次新枝都會比上次更短小，最後樹株還是不敵衰弱，然後死亡。尤加利樹的耐受度好像特別高，多半會經歷幾次長葉，才會真的乾枯死亡。然而一旦樹株承受不住一次又一次的能量消耗，再也無法萌芽，就只能走上枯梢病的最後一個階段。

在我還是博士生的時候，做學術研究都是基於好奇，現在，我很高興可以藉此來解決實際的生態問題。上千英畝的土地，以及觀光業、農業上百萬元的經濟價值，全都可能因為枯梢病毀於旦夕，更迫使我盡快找到病因。由於媒體需要在電視以及報章雜誌上討論枯梢病，所以我也得改變學術寫作的習慣，盡量使用親近大眾的言語。

有時候我的研究也會引起爭議。那些在澳洲鄉間提倡環保的人士被叫作「綠仔」（Greennie），這名字稍微帶有貶義。在那些對科學不信任的當地人和不信任農夫的科學界之間，我做什麼事情都得很小心，而身為一個農民之妻，我發現這兩者很難取得平衡，而且代價很高。

有許多因素都和桉樹枯梢病有關，像是生物條件、人類活動的影響、物理環境因素，或是綜合以上多種因素。可能的致病因子包括草食性害蟲、真菌性病害、乾旱、地下水位的改變、施肥後引起的土壤養分失衡、土壤侵蝕、放牧造成土壤壓實後通氣不足、燒荒、牛隻或羊群過度畜養，還有土壤鹽度等，就連可能是「比利藍桉」（澳洲人給無尾熊的暱稱）吃太多尤加利葉了，也被視

5 — 為適應土壤化育較差的地點，一株樹會不斷生出側芽，就算稍大的樹幹死亡，仍有側幹可繼續存活。

為是致病因子之一。

但枯梢病應該不是單一致病因子造成的，更有可能是多重因子的偕同效應。但很不幸的，交互作用通常很難釐清，譬如乾旱可能會對某個樹種造成壓力，導致病蟲攻擊，部分樹株為了再生，反而消耗其他樹株的土壤通氣量，回過頭導致該樹種落葉的情形再次出現。結果就是單一地區裡，出現零星的樹群感染枯梢病。也有更複雜的原因，譬如說在乾旱和多雨的年份，蟲害對樹株健康造成的影響可能就會有很大的差異。由此可見，複雜多重的生物學難題牽涉其中，再者，像樹木這種生命週期長的多年生植物，病害的致病結構更是複雜，一年的時間是絕對沒辦法解決的。

這次和我一起共事的哈羅德（哈爾）・西德沃，是新英格蘭大學動物學系的教授，他發現這個重大的環境問題根本沒幾個科學家研究過，純粹就是因為這問題太複雜了。在科學界，如果要研究的問題太複雜，是很難拿到補助資金的，因為要把研究問題以單一且架構良好的假設概念化，根本是不可能的事情。研究的過程中，除了發揮我們兩個各自在兩棲爬蟲學以及植物生態學的專長之外，還得另外做功課，跨足真菌學、樹木學、農學、氣象學、鳥類學，甚至是氣候學等領域。

對我來說，這次的研究大概就是個轉捩點，因為它迫使我必須面對森林保育和人類對生態影響的全球性議題。這次的研究也讓我體會到，如果我們真的想要有效保護環境，就必須找到更直接、更明確的方式，向普羅大眾溝通科學相關的知識。

許多牧人因為長期放牧羊群和牛隻，對地貌的改變非常敏感，他們說垂死的尤加利樹葉是被草食性動物吃光的，嫌疑犯有無尾熊（常常可以看到無尾熊就只坐在一棵樹上，默默地把葉子啃個精光）、昆蟲（過去曾有幾種週期性的甲蟲蟲害），還有一種真菌病原體。

在西澳，地方政府花了好幾百萬的經費，研究地區性的枯梢病，後來終於發現一種根腐病菌[6]就是那一州樹木枯死的元凶。根腐病菌是一種真菌，跟著

6 — 學名 *Phytophthora cinnamomi*。

馬來西亞酪梨農場牽引機輪胎上的泥土，一路到了西澳感染紅柳尤加利樹林，幾乎殺光所有樹株。不過一九八三年我們開始在東澳這邊進行田野研究時，並沒有發現那種根腐病菌，也沒有發現其他的嫌疑犯。

我們的第一項工作，就是確定樹葉到底是被啃蝕（如同許多農夫猜想的），還是因為其他因素才出現落葉的情形。我在旱林以及尤加利樹樹群裡，分別架設了好幾個爬樹的地點（類似我在雨林做研究那樣），記錄一系列健康和生病的樹群位置，也在各個地點測量樹冠於不同地點的落葉程度。我拿著我最信任的防水油性筆，在低、中、高段的樹枝上做記號，每個月固定回去測量葉面積減少的程度。我發現尤加利樹的樹葉平均只存活兩年，比在雨林下層測量到可以存活十五年的檫樹樹葉短命得多。但是也因為這個相對較短的葉壽命，讓我們至少可以在有經費補助的五年裡，測量到兩次尤加利樹長葉的狀況。

結果讓人非常震驚，尤加利樹上面的食植侵蝕程度，比我在任何地方測量到的還要嚴重許多，也比任何科學文獻紀錄還要嚴重。遭昆蟲攻擊的嚴重度也大不相同，有些樹群幾乎看不到被啃蝕的痕跡，但有些樹群卻嚴重到完全落葉。還有幾個案例是昆蟲會在短短幾週內，將尤加利樹的樹冠全數啃盡，但因為尤加利樹是常綠樹，所以落葉後會立刻再長葉，有時候第二次、第三次長葉也都會被啃蝕殆盡。

我也進行預防阻止昆蟲繼續啃食樹葉的實驗。我小心地在樹冠某些部份噴灑殺蟲劑，然後再將樹株噴灑農藥的實驗組，與完全沒有噴灑農藥的控制組相互對照，比較兩者的成長速率。結果發現沒有昆蟲的樹株比有昆蟲的樹株，明顯要長得強壯、葉面積也較大。

但令我們驚訝的是，即便昆蟲啃蝕樹葉程度嚴重，但昆蟲並不一定會殺死尤加利樹。的確，食植行為和許多樹木的死亡有關聯，但並不是全部的因素。我們只解開枯梢病一半的疑團。看來人類活動的影響，也是個重要且相當複雜的致病因子。

近幾百年來，人類的活動大幅改變澳洲的地貌，也與枯梢病脫不了關係。這些改變包括了針對許多林地大面積的燒荒、放牧（主要是羊群，也包括牛隻）、為了冬季有合適草料而引進歐洲的草種、在土壤裡施加磷肥幫助外來草種長得更好、原生野草數量銳減，依賴原生草的生物體數量也隨之減少，以及因為大量燒荒後，讓原本棲息於樹株的本地鳥種數量減少等。

這些改變對自然條件都帶來深遠的影響。譬如說，羊群和牛隻對土壤的踩踏程度不同、啃蝕的植物種類不同、排泄後重新回到土壤中的營養也不同，甚至連羊群集而食的習慣，都可以為土地帶來不一樣的壓力。雖然牲畜是澳洲經濟的一大命脈，但是這些牲畜數量之多，又和當地草食性動物（無尾熊、沙袋鼠）食草習慣相異，確實對自然環境帶來諸多破壞。還有更糟的是，羊群（還有兔子，這是另一種由人類製造的經濟災害）也會吃掉尤加利樹的種子，使得樹種無法再生。

從樹上摔落而跌入婚姻

我在澳洲鄉間研究的期間，因為研究的地點剛好就在農牧地，因此認識了很多農夫。我想，在二十九歲時，可能連我的生理時鐘都在滴滴答答催促了。

因為對樹木的枯死一事同感興趣，我和一位當地的牧人愈來愈熟識，最後我在剛好熟齡三十的時候嫁給了他。

當時看起來我們就是天作之合：我是個科學家，想找塊有桉樹枯梢病症狀的土地；安德魯是個牧人，有塊五千多英畝的地，地上的樹群正歷經不同階段的病害而凋零。他充滿活力、熱情，有著澳洲男人的無窮魅力……而且在這種鄉下地方，單身漢合適的對象也不多。

我們的約會其實就是到他的牧場走走，我會幫忙他照顧牛羊，有時候還會幫忙油漆他的拖車。不過愛終究是盲目的（或者說是我那年紀的荷爾蒙在作祟？），我沒發現他沒有送我鮮花、珠寶，或看電影約會，也沒有那些傳統的求愛攻勢。

後來，我有個到波多黎各的工作機會，我問安德魯願不願意休息個一年，陪我到地球的另一邊，這樣我也可以在定居下來以前，做做看其他工作。他很堅決地告訴我，他才剛離開在首都坎培拉的工作，他答應他父親這輩子都會在待在這塊土地上。或許當時我就應該警覺到，在這件事上我們兩個幾乎互不相讓；但是那時候，我對他的愛終究勝過其他事物。

諷刺的是，在我們還在交往期間，我爬樹時出了一次意外，或許就是這個意外，讓我起了想嫁人的念頭，也把對未來職業的各種夢想拋諸腦後。那天下午，暴風雨就快來襲，我草率地決定爬上一棵尤加利樹，想趁暴風雨來臨之前，完成我每個月的採樣工作。我比任何人都清楚草率行事、身邊沒有夥伴時爬樹有多危險，所以意外會發生只能怪我自己罔顧自身安全。那時我站在樹枝上，在把上升器換成下降用的鯨魚尾環扣時，我的腳踩空了。我從最後一個採樣處，有十五呎（大約四・五公尺）之高的位置，摔到地面上。

不幸中的大幸，雖然我身上有多處瘀青，但是毫髮無傷（只有自尊心受傷）。直到今天我還是懷疑，我生命中這個意外發生的時間點太巧了，或許就是因為這樣，影響了我的判斷能力。是這個意外讓我想要尋求婚姻的保護、當個妻子，而放棄在某個偏遠的叢林，挑戰自己做些不平凡的事嗎？要是我在澳洲學術界有位女性導師，我的決定會不會不一樣呢？女人在面臨中年和職業轉變期時所做出的決定，就和枯梢病一樣複雜，原因不會只有一種。

不管是什麼原因，想到我可以在後院打造一個研究的實驗室，就天真地嫁給了一個澳洲鄉下的牧人。我母親聽到這個消息時哭了，她的女兒到底是有多不理智，竟然選擇待在澳洲鄉下，情願跑到離故鄉十萬八千里遠的地方，和自己親愛的朋友及家人相隔一片大海。

就像我一開始決心攻讀博士一樣，我對婚姻也充滿浪漫的想像，身邊亦沒有任何當地的女伴一起談心。我走入婚姻時，相信未來自己與丈夫一定可以在家庭和工作之間好好溝通、取得平衡。過了好多年我才發現，橫亙在我們之間的那片海有多大，文化的差異又有多深。

留在澳洲的這個決定，不但對我個人生活來說是個重大的抉擇，也影響了我的職業生涯。我並沒有完成博士後的研究工作、進而接受波多黎各的長期工作機會，而是申請延長博士後的研究計畫，為的就是要繼續待在這片土地上，調查樹木的死亡和衰敗。

我必須向我的同事哈爾說明我的決定。在我接受安德魯求婚那天，哈爾正好要去南極洲研究三個月。我趕到當地的機場，在他登機前給了他一個大擁抱，他向來都是很溫暖、很感性的一個人，但是被我抱完後，他臉上震驚的表情嚇到我了。他把我拉到一旁，偷偷告訴我，其實他脖子上纏繞了一隻赤腹伊澳蛇[7]，是要私自挾帶給在雪梨的同事的。看來以後我要擁抱兩棲爬蟲學家前，最好是先問清楚再抱！哈爾聽到我要結婚很替我高興，我們也都很開心未來可以一起繼續研究枯梢病。

我的新婚生活

我的五千英畝研究實驗室完美地囊括了礫石地、修剪整齊的放牧牧場，還有一片硬葉林地。我們的牧場叫作紅寶石山莊，是在牧場附近山丘地發現石榴後就此命名的（不過我覺得這名字也可以形容夏天夕陽時，土地上映照的紅色美景）。我很享受牧場的寧靜，除了山鴉（一種長得像烏鴉的鳥）嘶啞的叫聲和喜鵲的鳴叫以外，有時候好幾天都不會有人來打擾我。

我煮飯、縫衣服、寫作、在乾旱林裡走走看看。我也嘗試不同的實驗，像是在不同樹苗上隔絕昆蟲的侵蝕、研究原生樹種和非原生樹種的再生能力。我對抗過乾旱、野兔、火災，看著這片土地上我最愛的樹，因為天災以及人禍而死去。

我嫁為人妻後搬到的第一個家，是前任牧場主人的木屋，安德魯以前都說，那房子可是房地產經紀人的夢想——充滿可能性、幾乎什麼都還沒打造好。以非專業用語來說，就是簡陋的意思。

雖然至少廁所的管線有通，但是凹凸不平的亞麻地板，到了冬天實在冷到不像話（這裡跟澳洲沿海不一樣，冬天可以冷上好幾個月，有時候還會下雪，因為我們剛好在大分水嶺的最頂端，海拔有四千五百呎高【約一三八〇公尺】）。除此之外，我們還有一個全是橘色櫥櫃的廚房、一個有加裝紗窗的儲肉間（本來是用來掛羊肉或牛肉），生活風格也非常簡樸（換句話說就是沒有

7 — 學名 *Pseudechis porphyriacus*，眼鏡蛇科。

暖氣、沒有空調、沒有洗碗機、沒有窗簾、沒有衣櫃、沒有閣樓、沒有地下室、沒有燈具，更別提燈泡了）。但是，往好處看，我們可是擁有了一般新婚夫婦沒有的東西：我們有一個三百呎長的車道、一百畝的後院、一個超大狗舍、一個剪毛棚、還有在腳邊不斷放送的微風，以及一群守護我們家後門的麗蠅。

我們珍惜這些美好，對那些不足之處則是一笑置之。在如此偏僻的地方生活，剛好給了我足夠的時間，獨自坐下來寫補助報告或是分析資料，這些事情都是科學家生活中很重要的一部分，卻很少被提及。

我費了好大一番功夫，希望讓我們的第一個家變得舒適、可愛。我把地板拆開後再重新鋪過、粉刷家裡、加裝燈具、貼壁紙、做窗簾和枕頭，並利用各種東西裝飾佈置。我對於整理居家很認真，也很有勇氣跟實驗精神做各種嘗試，我想努力把這個木屋變成牧人的天堂。

離我們最近的小鎮是瓦爾夏（原住民語的「水坑」），離我們的木屋大概有十哩路。瓦爾夏有四間酒吧、一間雜貨店、一家郵局、一家藥局、三間銀行，還有三家農牧商品買賣所（牧人都在這裡賣羊毛、買羊用的驅蟲劑或是其他補給品，來這裡也可以順便看看其他人都在做什麼）。銀行很重要，因為人們必須看天氣跟市場價格吃飯，必要時得跟銀行借錢或是存錢進去；酒吧也很重要，因為鄉下得有個地方，讓人們為經濟狀況飲酒高歌或是舉杯啜泣。我的牧人丈夫說，最重要的兩個地方就是銀行跟酒吧了，這兩個地方就是鄉間小鎮的支柱。

瓦夏爾的醫院，有五十四個床位，以及一個全職的醫生。我兩個小孩都是讓這位普通科醫生接生的，雖然他沒有穿醫師袍，但我對他的醫術非常有信心。我在瓦夏爾生活了八年，結識許多好人，那些友誼是我會一輩子好好珍惜的。

我記得新婚的前幾週，有一天晚上我被窗外的槍響吵醒。因為一心一意要保護自己的妻子，安德魯馬上跳下床，開著卡車去追開槍的人。但因一時怒氣上來，他只穿一件內褲就開車追人去了。想當然爾，他逮到開槍的人時，必須承受多大的恥辱下車跟那個人對質。原來槍聲是那些射殺澳洲野犬和狐狸的盜獵人士開的。後來我在酒吧只是稍微談到了這件事，全鎮的人馬上就知道這個

緞藍園丁鳥，澳洲雨林的花花公子。牠將一堆藍色的物品，包括曬衣夾、蝸牛殼、花朵、樂高一類的藍色塑膠玩具等，全部擺出來，以視覺的引導方式，吸引雌鳥走進牠以樹枝打造的花亭。我在澳洲雨林研究的十一年裡，園丁鳥也是我的常伴。（繪：芭芭拉．拉里森）

赤裸裸追捕盜獵者的故事，我發現「小鎮電報」（我都戲稱八卦就是這樣流傳的）在我們這一區的效率真的很高。

我在廚房洗碗時，視線都會越過我們家圍起來的小花園，看向遠方的一片廣闊土地。雖然山上常起風，也不常下雨，但我還是好喜歡這片多采多姿的鄉間景色。我眼前的風景十分多變，像是草地會因為雨量的多寡，微妙地在黃色、褐色或綠色之間跳轉；羊群位置也無定所，少數時間會不見羊群，整片山靜得可以；但是春天羔羊一出生，就可以聽到連綿不絕的羊叫聲。地平線時而清晰、時而迷濛，這全都取決於遠方的灌木草堆有沒有起火。還有令人燥熱難耐的熱浪，與清晨時點點凝結的露霜有著強烈對比。就連每天日出日落的風景也都不一樣。

常常陪在我身邊的，是一隻叫做約克的緞藍園丁鳥[8]，牠好像很堅決一定要在我家花園找到一個伴侶。這種鳥類在求偶的過程中，會以樹枝搭建一個花亭（bower），並在上面裝飾藍色的東西，以此向雌鳥求愛。園丁鳥也被稱作森林裡的花花公子，幾乎只有在雨林和牠們的窩附近才看得到蹤影。牠們會尋找藍色的東西（如：花朵、莓果），裝飾在求偶用的花亭上。

在我們家花園的約克，對所謂的藍色東西有牠自己獨特的見解：我們家的曬衣夾、幾塊樂高玩具，還有從垃圾桶裡找到的藍色吸管。其實我在昆士蘭的

8 — 學名 *Ptilonorhynchus violaceus*，風鳥科，也稱花亭鳥。

雨林，也看過園丁鳥以福斯特啤酒罐（包裝也是藍色的）來裝飾花亭，看到大自然受到人類習慣的影響，不免令人傷感。

即便我才剛新婚，我還是把研究枯梢病當作正職。我和先生都很尊重彼此的工作，而且也很喜歡彼此的工作（不過這都是孩子尚未出生前的事，後來這份美好的尊重，在有小孩之後，因為外力而被永遠破壞殆盡了）。

百萬隻六月金龜的嚴重蟲害

我們家的牧場離大學大概有一小時的車程。這距離對於安靜的鄉間小路來說，非常好開。為了充分節省開車的時間，我每趟出去就會在大學的實驗室和圖書館待上好幾天（也買些家用雜貨），然後回到家裡，待在我的田野實驗室，或是在我們偏僻的木屋裡寫作（還有當人妻）。有天早上我超開心的，因為一起床就聽到無尾熊在啃食我們家前門那株緞帶桉[9]。我還爬到樹上，拍拍那個可愛小傢伙的屁股，因為牠昏昏欲睡，根本就不理我；而且牠眼中除了樹葉以外，對其他事情一點反應都沒有。

面對枯梢病，無尾熊算是很無辜的被害人，許多當地的農人都看過無尾熊待在樹上，也注意到樹株不斷死亡。就因為無尾熊吃樹葉，自然會讓人聯想到，或許樹株會死，就是因為無尾熊食性的關係，但事實上根本不是這樣。無尾熊的數量不多，在新英格蘭高地上的分布也不甚平均；再說了，澳洲的尤加利樹有五百五十多種、甚至更多，但是無尾熊只吃其中的六到八種樹葉而已。你還可以聽到有人半開玩笑說，要提供賞金獵殺無尾熊，以拯救可憐的尤加利樹。但我們的研究很明確指出，啃食樹葉的生物主要就是昆蟲，幾乎沒有樹株是因為無尾熊死掉的。

即便如此，在枯梢病的研究中，無尾熊的定位還是充滿爭議。很難說在澳洲人眼裡，到底是無尾熊比較重要，還是尤加利樹比較重要。這兩者對於澳洲

9 — 學名 *Eucalyptus viminalis*，桃金孃科。

鄉間郊區來說，都是不折不扣的代表物，所以不管把矛頭指向誰，都會引起一片譁然。想到無尾熊不需要為枯梢病負責，我就放心了，不過，我想與其用強烈的手段減少無尾熊的數量，澳洲人應該還是寧願樹死光吧。

花了三年的時間測量尤加利樹樹冠後，哈爾跟我終於收集到足夠的數據，可以直指昆蟲和枯梢病間的關聯。這種昆蟲就是美國的六月金龜，在夏天特別活躍，不過澳洲的夏天是十二月（並非六月），所以在澳洲，六月金龜就被叫

聖誕金龜（學名 *Anoplognathes sp.*）是一種食量極大的甲蟲，造成東澳上百萬棵尤加利樹死亡。人類的農業活動也提升了這種甲蟲的存活率。（繪：芭芭拉・拉里森）

做聖誕金龜[10]。每年夏天，這種草食性昆蟲的幼蟲開始出現在土壤中（我們猜測牠們也會啃食根部），成蟲後便大量啃食尤加利樹樹葉。因為上百萬隻金龜子啃食樹葉的聲音太大聲，有好幾個晚上我根本就睡不著，有種震耳欲聾的感覺。

諷刺的是，正因為人類對地貌帶來的影響（譬如引進外來草種、牲畜踩踏遮蔭樹附近的土壤），讓這種金龜子的幼蟲有了生存的環境。不僅這種胃口超大的草食性昆蟲可啃食的樹株數量變少，幼蟲的存活率也因此變得更高。

聖誕金龜的蟲害一年比一年嚴重，就我的紀錄顯示，每年被聖誕金龜啃蝕的葉面積高達百分之三百，也就是說，某些樹如果在一年內有三次長葉，三次都會被全數啃食掉。這樣的蟲害，加上間歇性的乾旱、土壤侵蝕加劇，以及其他因素的偕同效應，才會導致樹木嚴重衰亡。本質上，聖誕金龜蟲害算是一連

10 — 學名 *Anoplognathes sp.*，鞘翅目金龜子科。

串環境擾動之後，壓垮駱駝的最後一根稻草，以至於連最強韌的樹種，都無力回天。

吉邦賽馬日的社交盛事

在這片土地上的生活有笑有淚。澳洲有個說法，說農夫只有在發牢騷時，才會覺得稱心如意，不管是抱怨雨下得太多太少、草長得太密太疏、賣羊毛扣的稅太多太少，連新生的羔羊太大隻或是太小隻都可以唸個不停。看來為了要適應澳洲如此嚴峻的自然氣候，這裡的地主必須學會容忍很多事，連個性都得跟著改變。我先生面對豢養牛羊這樣的畜牧工作時總是很樂觀、堅忍不拔，對於這樣的他，我也非常尊敬。

我們在一九八三年結婚，當時適逢二十五年來最嚴重的乾旱，婚後的第二天，大旱剛好結束，我們到東澳外海的豪勛爵島上度蜜月，從頭到尾都下著傾盆大雨。我永遠忘不了我們那時搭的那台小飛機，在狂風暴雨中搖搖晃晃，就連機長都在為我們禱告。到了島上之後，雨還是一直下，我們在雨中潛水、在雨中騎腳踏車、在雨中爬山健行。我承認這次的蜜月讓我非常失望。但是我的牧人丈夫，根本有個澳洲內陸的靈魂，他看到雨非常開心，也等不及回家看看草長得怎麼樣。

不管天氣好壞，鄉間居民絕不會馬虎行事的有幾件事：婚禮、洗禮儀式，還有每年舉辦的賽馬比賽。每年在我們這一區，都會有一天是特別的賽馬日，稱為「吉邦賽馬日」。這天表面上是個賽馬日，但說穿了就是大家要趁著這個日子一起野餐、一起把酒言歡。賽馬一注是五十分，不過大多數的人都沒在看賽馬。每個人野餐的食物都準備得超豐盛，有香檳有雞肉，還有女人穿著自己最漂亮的衣服跟帽子到處顯擺，而且一定要推嬰兒推車（在我們這區，生小孩大概就是一個女人最重要的成就）。男人們則是在一旁喝啤酒，討論羊毛市場行情還有天氣。女人通常都是喝葡萄酒（中產階級的人稱它為「紙板城堡」〔Chateau Cardboard〕，這是以一加侖的紙箱裝葡萄酒，可直接從塑膠栓塞處將酒轉出來飲用），然後聊自己的孩子、聊自己先生工作有多辛苦。

我跟安德魯都很喜歡吉邦賽馬日，這一天我們可以跟年輕的朋友一起飲酒聊天，平常大家都在忙著照顧牲畜（古怪的我，則是忙著做研究），彼此根本就碰不上面。我每年都會被賽馬日的盛況嚇到。我們坐在草地中央，旁邊就是塵土飛揚的賽道和破舊的棚子，酒則是裝在塑膠杯裡賣，我們的野餐總是少不了上百萬隻麗蠅作伴[11]。還有人戲稱，幫別人趕走臉上麗蠅的手勢，是「澳洲式敬禮」。我們總是很勤快地揮動著手，盡量不讓麗蠅飛到酒杯跟雞肉上面。但我相信，我的消化系統，多多少少也因為我不經意地吃下幾隻麗蠅，而變得更強壯了。

澳洲內陸的蒼蠅，大概是我見過最頑強的寄生蟲，牠們不僅襲擊我烤過的每一片烤肉，也常常害羊群大量死亡。麗蠅會入侵羊隻身上的傷口，或是較不乾淨的地方（像是生殖器），然後在那些地方產卵。卵一旦孵化，就會開始以宿主羊的腐肉為食，如果不趕緊以強效的化學藥劑處理，被感染的羊隻很快就會死掉。這是羊隻非常常見、當然也是最怪異的死法。基於環境衛生及經濟上的雙重考量，澳洲遺傳學家也開始培育較能抵擋麗蠅侵害的美麗諾羊[12]。

麗蠅不僅滋擾羊隻，也對家庭生活帶來困擾，在家裡，牠們會停在小孩、食物、濕衣服或是毛巾上面，如果廚房桌上有塊肉忘了蓋起來，不出幾秒馬上會變成蛆寶寶未來的溫床。下面這段描述是摘自查爾斯・梅芮迪絲女士於一八八四年出版的《新南威爾斯隨筆手記》（Notes and Sketches of New South Wales）：

> 麗蠅擾民
>
> 蒼蠅也讓人很困擾。成千上萬的蒼蠅盤據每個房間，只要食物送上來，餐桌馬上變成一片黑。一如往常，牠們在奶油、茶、葡萄酒，還有肉汁上面嗡嗡作響，噁心至極。

就連澳語用語也被蒼蠅攻陷，許多鮮明的譬喻都和蒼蠅有關。好比說「跟

11 — 澳洲人稱為 blowies，學名 *Lucilia cuprina*，雙翅目麗蠅科。

12 — 為基因改造的品種。

蒼蠅喝酒」就是一個人喝悶酒的意思，「飛來」就是不速之客，「像冬天的蒼蠅一樣有活力」指的則是懶散的員工（除此之外，還有很多其他的例子）。大致上來說，澳洲人對這塊土地上很多生物都沒啥好感。「會咬人的」這個詞，可以用來形容澳洲很多野外的生物，像是蜘蛛、牛蟻、蠍子、蒼蠅、藍瓶水母、蚊子，反正就是任何一種會螫人咬人的生物。

很多鄉下俚語也跟動物有關：「鴯鶓的早餐」是詼諧地形容一個人只要有酒喝，四周都變美好了；「朝該死的烏鴉丟石頭」是很驚訝的意思；「傘蜥蜴」被用來形容鬍渣留滿臉的人；說一個人「口袋裡有條南棘蛇」，代表那個人肯定很小氣；「麻雀屁」就是指黎明前。鄉村的用語非常豐富，而且充滿想像力。

令人難忘的剪毛秀

我的澳洲先生和他爸爸兩個人一起照顧羊群，每天面對的挑戰有乾旱、野火、羊隻被麗蠅感染、還有世界羊毛價格毫無預警的變化。男人的工作主要就是趕羊、數羊、檢查羊隻、幫羊灌藥（抗生素），還有剪羊毛。女人多半則是負責家務：煮飯、縫衣服、做家事、買家用品，及照顧小孩。

我們牧場羊少的時候，可能只有五千隻羊左右（冬天時期）；羊多的時候，數量可以高達一萬五千多隻（早春羔羊出生期）。而且，新點子再加上老問題，總讓人得多費心思。有一年我們試做了一種羊穿的大衣，這是給剛剪完毛的母羊穿的，這樣生產的時候才不會凍僵。但是我們很快就放棄了這個發明，因為很多母羊穿了這種塑膠雨衣，躺在草地上後根本滑溜到爬不起來；更慘的是，有些羊因為穿了大衣之後，身體更暖了，所以生小羊的時候自然不會找暖一點的位置，導致小羊出生後便失溫而死。

牧羊生活最令我難忘的就是剪羊毛。紅寶石山莊每年都會有兩次剪毛期，第一次是二月的時候，替閹羊（已經去勢的公羊）和公羊剪毛，第二次是在八月的時候替母羊剪毛。剪毛棚是整個牧場的中心，這不只是指其所在位置，對各種活動和傳統的意義層面來說也極其重要。

剪毛棚的牆是鍍錫的，再加上鐵皮屋頂（下雨時根本沒人聽得清楚對方在說什麼）。每天都有上千隻羊在屋裡的桉木地板上邊走邊「拋光」，充滿豐富羊毛脂的羊毛，也讓地板多了一層光澤和些許特殊的氣味。

我們的剪毛棚有七個剪毛檯（也就是可以有七位剪毛師傅同時替羊剪毛），所以我們的剪毛棚算是大型的。整個剪毛棚是架高的，一樓底下是個很大的空間，雨天也可以把羊趕到這底下躲雨。剪毛前，羊隻會先被趕到不同剪毛檯的通道，剪完毛後再從旁邊的斜槽，把羊推進後方地面的畜欄裡。

剪毛對所有的羊而言都是件很恐怖的事情，被剪的羊嚇地不斷咩咩叫，牧羊犬在一旁不停狂吠，剪毛師傅也不時破口大罵。一台又大又舊的液壓打包機，在一旁鏗鏗鏘鏘、轟隆作響，把羊毛壓縮後包裝，以方便後續的運送跟買賣。剪毛季節都會聽說有人在處理壓縮機時，手臂不小心捲入尖齒中。非常恐怖的意外。

我們的剪毛師傅沒有一個是女的，可能也是因為工會嚴苛的規定吧。要是剪毛檯上出現難得一見的女人，她們通常都是剪毛師傅的太太。即便有少數幾個女人在工作，她們能做的事情也很有限，只能做些雜工（掃地）或是揀毛（把羊毛裡面的髒東西挑出來）。剪毛師傅形形色色，什麼樣的人都有，每年這個時候，又高又壯的男人通通湧進我們這一區，的確讓牧場風光增色不少。有些師傅是固定的熟面孔，但也有很多是從紐西蘭或是西澳過來的臨時工。

剪毛師傅的生活型態有點像遊牧民族，他們的工作非常辛苦。如果剪毛師傅這次錢賺夠了（薪水是以你剃了幾頭羊來算），通常也意味著他的腰閃到了，或是關節炎又發作了。如果剃毛時不小心把羊弄傷，還得自己幫羊縫好傷口。而且剪毛師傅領薪水的當天，很容易把錢敗在當地的酒吧裡。在剪毛季時，我們常在半夜被叫醒，因為得去幫忙剪毛師傅把陷在路旁泥溝的車子拖起來。雖然看起來缺點很多，剪毛師傅這個工作還是很浪漫的。剪毛季也讓我們的牧場變得更有朝氣、有活力，好像連狗都聞得到空氣中那股亢奮的氣息，跑起來也比平常更快了。

上千隻剃好毛的羊，一隻隻待在羊圈裡，看起來瘦得跟皮包骨一樣。剃下來的羊毛會以種類分好，一捆捆地裝上大卡車。分級工大概是剪毛季裡最重要的人物了，他要負責判定羊毛的品質，然後將它們分門別類。質量最好、最細緻的羊毛是頂級AAA，接著就是AA、A，最差的就是邊坎毛（劣質毛）或是碎毛（帶點顏色，或是從羊屁股附近剪下來結塊的羊毛）。

市場需求決定羊毛的價格，也得看羊毛的潔淨度以及纖維直徑（以微米計算）。因為我們養的是美麗諾羊，所以羊毛的纖維直徑平均有十九微米，屬於優質羊毛。一九八〇年代中期，這種羊毛很受歐洲布料商歡迎，賣出的價錢也比較高。相較之下，像邊坎毛那種顏色不純、品質較粗糙的羊毛，每包價錢可能連普通羊毛的一半、甚至三分之一都不到。比較粗糙的羊毛，通常都會被拿來做地毯。

我們的羊毛都是送去新堡拍賣，而且我很喜歡看拍賣會的進行。拍賣會是很重要的社交活動，這一區的牧人幾乎都會帶著妻小來參加。如果拍賣進行順利、競價激烈，投標人出價高，那一家的牧人就會開開心心地去買新衣服、添購新的廚房用具，甚至替家裡客廳換個新家具。通常負責花錢的都是女人，男人則會去當地的酒吧慶祝一番。如果當季羊毛價格不好，大家就會在酒吧或是羊毛買賣商舉辦的派對上互吐苦水。

由於我們家牧場還是我公婆在經營，所以帳本也是他們在管，我從來就沒有像那些管錢的人一樣，因為羊毛價格而心情有所波動。我很喜歡看我婆婆興高采烈地跑到當地高檔的居家用品店，買些漂亮的廚具、擺飾水晶或是可愛小物等等。牧羊生活的經濟收入，就像坐雲霄飛車一樣，時好時壞，而且還需要一點賭徒的精神，才有辦法承受那些起起伏伏。

枯梢病與婚姻生活，都是無解的難題

枯梢病的問題就像羊毛市場一樣，也充滿情感糾葛。你要如何告訴一個深愛自己土地、又擔心樹木的牧場主人說：「嘿，你的樹會死都是因為你豢養動物的方式有問題」？沒有牲畜他要怎麼生存？但他也希望樹木可以保護他的土地、為他的牲畜提供庇蔭啊。要把土地使用的問題和枯梢病連結起來並不容易，因為並沒有短期的實驗證明這兩者有確切關聯。要了解樹木衰亡真正的致病因素，就必須在這塊土地上長期觀察，並盡可能收集更多數據。

研究枯梢病展現了多重因子的加乘效應，要研究的不是牲畜、昆蟲、尤加利樹的樹葉，而是整個生態系。要全盤了解如此複雜的生態系統，探究其中這麼多物種和它歷經的變化，在短時間內是不可能做到的。因為缺乏長期的研究，我們對生態系的了解可以說是少得可憐，像澳洲枯梢病這樣的問題，也僅是諸多未解的環境災難裡其中一個例子而已。如果我們持續不斷改變地球的自然條件，像這樣的環境難題只會愈來愈普遍，但是要解決這些問題所需的時間，遠遠超過人類的耐心，也超過許多科學補助金的有效期限。

通常人們會選擇短期的改善方法，但是幾乎沒什麼成效，譬如說面對枯梢病，我們可以在樹上噴灑殺蟲劑，殺死聖誕金龜，但是這樣做不但費用高，有效的面積也很有限。此外，很多牧場主人也會選擇為土壤施加過磷酸鹽（通常是大面積的空灑磷肥），但是這個方法所費不貲，對下游的水質也可能造成嚴重的汙染。較長遠可行的做法，包括在多處復育原生種樹林、增加原生草種的牧草地面積等，然而這些以採取生態學為基礎的解決辦法，就短期來看，耗費相當高。

婚姻生活的第一年，我相當享受在科學研究和人妻家務兩頭忙的挑戰。我把這兩件事情都視為科學，我一邊觀測大自然的現象，一邊則是在家裡什麼事都自己動手做。我會固定到大學那裡待上兩、三天，讀文獻、分析數據、和我的同事交流（全都是男的，不管是研究所還是博士後研究，都沒有女學生，動物學系的教授都是男的，其他系所也幾乎看不到女性）。

我也會利用到「鎮上」那這幾天進行採購，我已經練就一身功夫，可以在最短的時間內買好食物、工具，還有家裡需要用到的五金用品。我也學會在蜿蜒的道路上飆車回家（說來汗顏，沒有撞死袋鼠真是走運），只為了讓先生在羊圈裡汗如雨下工作一整天後，回到家桌上就有熱騰騰的飯菜。在鄉下地方，男女分工是很明顯的，雖然我很認真工作，但是我也很堅決自己應該盡好做牧人妻子的本分。

我設計了一套菜單，讓我去完鎮上回家後，可以迅速在一小時內端出美味好吃的家常料理。在家寫報告時，我就會改煮份量更充足、菜色更豐富的大餐。我努力在家務和工作之間取得平衡，連廚藝都跟著精進，我愈來愈會煮咖啡，還會至少一百種烹飪羊肉的方式（我想應該有這麼多吧）。

在羊圈辛勤工作了一天，安德魯回到家需要吃很多的肉類、馬鈴薯和蔬菜，我覺得準備足夠的食物讓他享用是我的責任。我身邊的朋友和我的公婆，都很「關心」我，除了專注在科學外，我也很認真地當個家庭主婦。那時我私心覺得，等到我公婆看到我的表現，發現科學研究並不會讓我減少對家務的關心，他們就會支持我從事科學工作了。

然而在鄉村小鎮過了一年的婚姻生活後，我發現投注在科學的精力，真的會讓我嚴重分心、忽略家務。有首詩（是我妯娌給我的一本日記裡寫的，或許她是想要委婉地提點我吧）完美地詮釋了社會傳統對澳洲內陸女人的想法，作者是位叫做雷爾夫・諾斯伍的澳洲人。

鄉下女人

她們是這片土地上所有男人的母親與妻子；

是煮飯、爲你打氣、對你伸出援手的女子。
她們的家盡在些偏遠荒蕪的地方，
是赤日燒得焦熱的草原、是隱匿的流水一旁；
她們的價值經歷各種嚴酷的試煉——
所謂的家，就是雙腳踩在大地上，
澆濕滾滾塵土的是那得來不易的滴滴清水，
僅能從堤壩邊的縫隙，收集後一點一點帶回。

烤箱裡熱呼呼的麵包正烤著，
外頭炙熱的豔陽也正在曬著。
要照顧牛隻、還要辛勤餵養牛犢，
有時男人也要她到棚舍裡幫忙掃除。

或許還有嬰兒得生得養，

但卻沒有兒童節目哄他們入睡。
這是個寶寶會生致命疾病的地方，
這就是身爲母親的感覺，
她還得肩負醫師與護士的責任。

或許住在這簡陋小屋裡妳並不自豪，
或許因爲應付乾旱、疾病和糧食等問題，
早已讓妳手頭很緊；
但不知怎的，妳竟能讓小屋像個「家」。
妳無私的一生就像首未寫的詩篇，
這詩是關於犧牲、愛和那堅毅的力量，
也激勵了男人全力以赴，
去對抗季節、對抗害蟲、對抗病害——
都是因爲妳，這些努力奮鬥才有價值。

就像枯梢病的病因一樣，我和我丈夫也面臨過許多影響我們生活的複雜因素。雖然我們兩個出生的年代，已經願意給女人更多機會，並鼓勵弱勢族群爭取工作，但是安德魯是為他的父母工作，而他們很多想法還是非常傳統。他們真心希望，我跟安德魯可以和他們一樣，在牧場裡善盡自己做丈夫、做太太的本分，因為他們就是這樣一路走來的。我們有沒有辦法在這兩種互相牴觸的價值體系之間取得平衡呢？我們的看法和他們的觀念有辦法共存嗎？還是沒有一方願意妥協，最後我們只好敗給婚姻裡的紛擾和不滿呢？生活在澳洲鄉村的女人必須面對的挫折，被我拿來和這些尤加利樹遇到的病害做了各種對照，不管是哪一邊，都難很用三言兩語帶過，也都沒有明確的根由和解決之道。

枯梢病是大規模的生態病害，極其複雜，致病因子很多，雖然這種病害不是人類活動刻意製造的，但是比起助長病害的昆蟲、真菌和乾旱，人類使用土地的方式和強度，似乎就是最主要的致病因素。一九八〇年代，人們對了解枯梢病有大幅的進展，但始終找不到永久可行的解決方法。研究枯梢病未果，未來也還有更多思考的空間，研究更亟需大量資金的挹注。

那誰要出錢來拯救這些樹呢？是那些畜養羊群，間接造成土地惡化的牧人嗎？牧人為了繳稅、養家餬口才增加牲畜的數量，若是這樣，應該出錢的是政府嗎？還有那些觀光客和從城市來的訪客，他們不想看到焦枯垂死的樹木，只想看到春光明媚的鄉村美景和健康的尤加利樹，那他們該不該出錢呢？我們不用心對待環境、迫害生態，還忽視大自然正在惡化的跡象，我們每個人都有錯。科學家、牧人、農人、經濟學家、林務官、土地管理人、政治人物、納稅人，我們全都應該負起責任，替枯梢病找到治癒的方法，讓它不再復發，讓垂危的大地起死回生。

第三章 珊瑚島尋奇

沒錯，這是一個偉大的時代；繼原子彈後，機器人似乎也名正言順地出現了，他們說，機器腦不過就是複雜一點的反饋系統。工程師們已經弄懂它的基本原理；你知道，就是機械自動化，沒啥好迷信的；再說，只要有想法，總是可以從根本再去改良。

嗯。或許他們是對的吧，我想這也是為什麼，我會坐在這裡……懷念那些小鳥還有藍山[1]。我的桌上還有另一篇文章，標題是：「機器愈來愈聰明」，我不否認。但我還是跟小鳥為伍好了，我相信的是生命，而不是機器。

——羅倫．艾斯利，《無垠的旅程》，一九四六年

在森林裡，昆蟲就像細沙，幾乎看不見，也很難個別觀察。大樹上交錯密佈著樹葉和樹枝，就像迷宮一樣，一個人怎麼可能有辦法追蹤毛毛蟲呢？當小鳥在樹枝間跳動，將停在葉子上的幼蟲被震離摔落，那牠的下場又會如何呢？錯綜複雜的雨林，不可能有這些各式各樣的假設。

既然在高聳的樹冠裡找不到解答，我只好拜訪地面上相對單純的樹冠生態系統：珊瑚島上的伏地植被。在我的博士以及博士後研究生涯中，我有幸參與許多珊瑚島上的研究計畫。我協助博士班的同學研究珊瑚礁，他們回報我的方式是陪我到雨林裡爬樹冒險。

澳洲的大堡礁，沿著昆士蘭海岸線，從托勒斯海峽一直到碉堡島綿延將近一千六百公里，二十萬平方公里的珊瑚海裡佈滿珊瑚礁和島礁。這些珊瑚島，也稱作島礁，他們分區獨立生長，結構和植被都非常單純，譬如孤樹島（南緯23° 30'，西經152° 8'）常見的植物只有二十一種，其中包括島上一百二十八株銀毛樹。這是種常綠、伏地的灌木叢，分布區域橫跨印度洋至太平洋，從東非到東印度群島都可以看到它們的蹤影。

銀毛樹也是普三色星燈蛾[2]草食性幼蟲的唯一宿主樹，樹上全年都可以看到毛毛蟲，數量非常多。除此之外，很多偏遠的珊瑚島上，都可以發現銀毛樹，對於喜歡看毛毛蟲這類特殊景象的人來說，簡直就是超棒的天然實驗室！

凡是領固定薪水的人，都有自己的退休計畫，身為一位樹冠生態學家，我的退休計畫就是研究種子和灌木。如果我可以開始培養對地面植物的興趣，等我老到沒辦法爬樹時，至少我的研究還可以有第二春。

珊瑚島的探險

船駛出格拉德斯通港時，空氣彷彿凝結了，充滿不祥的預兆。詭譎的烏雲

1—位於澳洲雪梨附近的旅遊勝地。

2—學名 *Utetheisa pulchelloides*，燈蛾科。

垂掛在天際，金黃色的落日餘暉穿透雲層，海鷗的叫聲劃破這股沉重的靜默。我們不發一語、情緒低落地站在甲板上，擔心就這樣駛向颶風是否安全。麥斯船長向我們保證，颶風向東移動的速度比船快多了，只要它的方向保持不變，我們就可以如期在十天內，造訪八處珊瑚礁群、勘查六座無人的珊瑚島。

離岸風讓海水變得洶湧，第一個晚上我待在船首底下的上層臥艙裡，幽閉恐懼症都要發作了。晚餐是油膩的雞肉，再加上散落在船艙地板的舊布鞋氣味，終於讓我忍不住吐了第一次。我的科學家同事們，也幾乎都沒辦法忍受重口味的晚餐跟洶湧的風浪。遠處廁所傳來的陣陣嘔吐聲，也無法緩和我的不適。

我們的船「澳洲號」，連我總共載了十五人，全是科學家和助理，專長也不盡相同，我們之中有鳥類學家、藻類學家、地質學家、兩棲爬蟲學家、海洋生物學家，還有植物生態學家。我們的任務是到大堡礁最東南端的史維恩珊瑚礁群，記錄那裡的植相以及動物區系。

史維恩珊瑚礁群的島礁都是無人島，不過其中一個還留有原始部落的遺跡，另一個島上則有簡易的氣象觀測塔。以地質年代來看，這些島礁還很年輕，正歷經不同階段的拓殖，從沒有固定植被、到簇擁多達十一種植物的島礁都有。每年動物的數量都會在海鳥築巢的那幾個月暴增，因為海鳥的糞便讓土質更營養，幼鳥的屍體也增加了生物量。

對大多數珊瑚島上的植物來說，鳥類也是幫忙播種的主力，一旦植物開始生長，草食性昆蟲也會跟著出現。

與海蛇的近距離接觸

這次探勘的領隊，哈羅德（哈爾）西德沃博士，已經在史維恩珊瑚礁群海域觀查海蛇超過十五年之久了。他和他那些忠心耿耿的博士班學生，花費很多心力追蹤海蛇，捕捉以後再以無痛的冷凍技術，在牠們身上做標記。每年他們都會回到這一帶，再次測量海蛇的重量和記錄數量。透過這種標識再捕法，他們發現海蛇的地域性和活動範圍相當固定，事實上，一隻海蛇可能一輩子（十

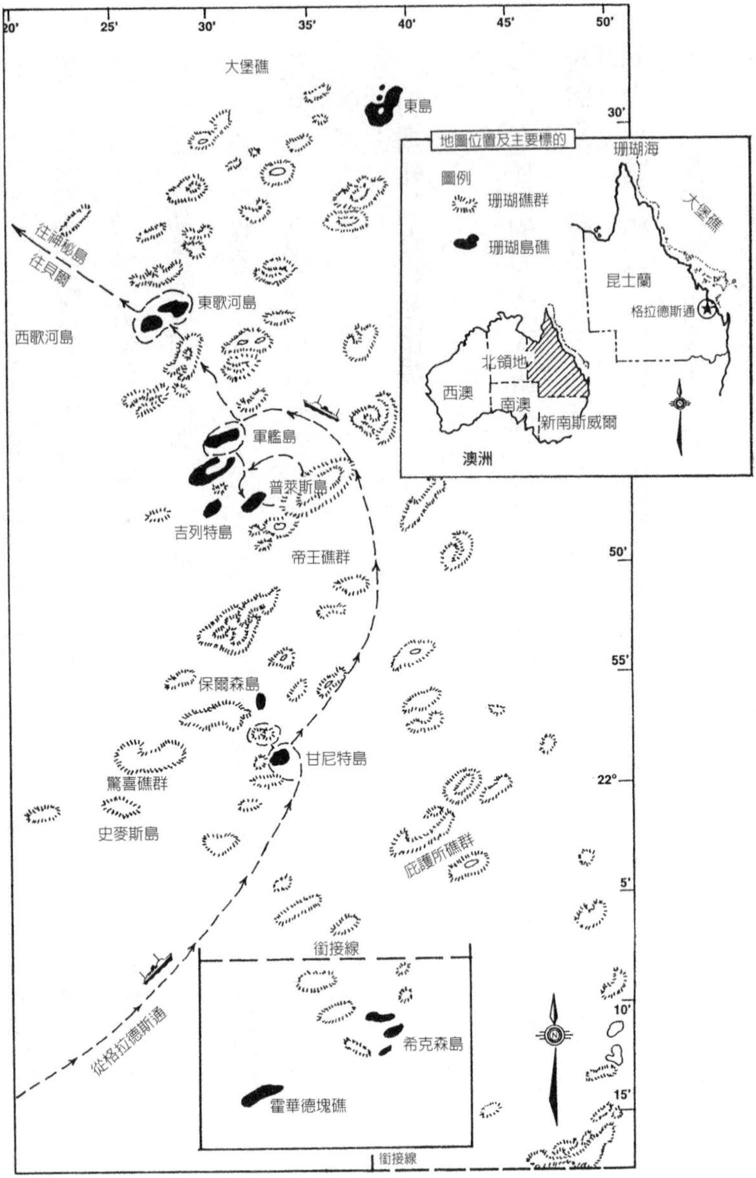

昆士蘭東南方近海──大堡礁之史維恩珊瑚礁群示意圖。這一帶是海蛇主要出沒的區域，我們的研究路線請見標記。（繪：芭芭拉．拉里森）

年，甚至更久），都在同一塊島礁上棲息！

海洋生物學就像樹冠層的研究一樣，也缺乏有效的方法來記錄各種生物的生命現象（在這裡則是指海洋裡的生物）。一九五〇年代水肺潛水的發展，讓我們對海洋魚類、珊瑚礁和海蛇的了解，有了大規模的進展（就像一九八〇年單索技術和樹冠步道的進展，讓樹冠層的研究大幅突破以往的成果，常常被拿來和水肺潛水的發明做比較）。因為現在要潛水很普遍，生物學家已經可以順利記錄海蛇數量、觀察海蛇，還有牠們的生存環境了。

據說蛇類是所有爬蟲類中最晚出現的一群，是演化自侏儸紀晚期（超過一億三千萬年前）的某種蜥蜴。而眼鏡蛇科的毒蛇除了地域性很強以外，還有中空的毒牙。另外還有現代的海蛇，因為演化的時間很晚，所以沒有連化石都沒有。就目前現有的十五大蛇科中，有四科是海蛇，其中包括了四十七種道地的海蛇。水溫決定海蛇分布的位置，通常只有在溫熱帶和副熱帶水域才看得到海蛇。和爬蟲類一樣，蛇類主要有兩種生殖方式，一種是產卵的卵生，另一種是直接生出小蛇的胎生。我們研究的劍尾海蛇[3]是胎生，而且毒性非常強。

海蛇適應環境的方式和牠們在陸地上的表親不同，在海裡必須要能夠排除多餘的鹽分，以提供身體機能足夠的淡水跟氧氣。海蛇需要和陸上物種有不同的移動方式，以及不同的感官機制，才能捕食、尋找伴侶和拓展地域。捕食的時候，會靠身體底部沿著珊瑚礁緩緩地游行，邊游邊把舌頭伸進島的縫隙裡，利用嗅覺偵測獵物。海蛇的視力非常差，有時候是運氣好，剛好遇到獵物。牠們的毒液非常強，一點點便可以殺死實驗室裡好幾隻的白老鼠。為什麼這麼毒呢？或許就是為了在捕捉獵物時可以將之一擊斃命，沒有機會逃之夭夭。

此行我都是負責陸地上的觀察和記錄（謝天謝地），拿著地圖研究植被，然後針對島上的伏地灌木進行生態實驗。在海上的那些日子，我會協助他們研究海蛇。我承認，要我跟世界上最毒的蛇一起游泳，我真的提不起勁。就算海蛇的視力再差、大多數的時間裡都不具攻擊性，但有時候浮潛員稍不注意，蛙鞋不小心掃到海蛇，都有可能立刻被反咬一口，這一咬更足以致命。海蛇的毒液比東方的菱形背紋響尾蛇還要毒上許多。毒液的解藥不是沒有，因為可能會造成嚴重的過敏性休克，所以用的機率不高，如何處理蛇咬的相關書籍也是少之又少，更別提我們現在可是離岸，離我們最近的醫院遠在一百多公里之外。

為了要測量並記錄海蛇的狀況，我們勇敢的隊友緩慢且小心翼翼地在塊礁之間潛行，以手上的蝴蝶網熟練地捕捉正悠游的海蛇。被抓到的海蛇會被放進橡皮艇上的塑膠桶裡，一旦進到桶子裡，海蛇就會開始變得暴躁無比，感覺毒液隨時都要噴發一樣，離開水的感覺讓海蛇們非常不爽。每過幾個小時，橡皮艇上的塑膠桶就會被帶回船上。哈爾在甲板上把蛇一條一條抓出來，測量其長度跟重量，並加以紀錄編號（編號在腹部的位置，看起來像刺青），再把它放回海裡。如果是還沒有編號的蛇，就以冷凍技術給牠一個新號碼，然後再把號碼加進海蛇的數量統計裡。

一月二十號，我自告奮勇下水幫忙捕捉海蛇，那時候我還沒當媽媽，如果已為人母，大概就不會這麼大膽吧。我們到了神秘島附近，連這名字都已經暗示這是場冒險了。我配戴好浮潛的裝備、拿著蝴蝶網，下水準備抓海蛇。就當

3 — 學名 *Aipysurus laevis*，海蛇科。

我很緊張地盯著珊瑚礁看時，一群蝴蝶魚從我旁邊游過，牠們身上黑黃相間的絢麗鱗片映照著陽光，像珠寶一樣閃閃發亮。

珊瑚礁壯觀又多采多姿，從軟珊瑚類的鹿角珊瑚，到體積碩大渾圓的腦紋珊瑚都有，美得令人屏息。但那天我根本沒有心情好好欣賞。我是有任務的，我的雙眼四處搜尋海蛇的蹤影。有些塊礁上海蛇棲息的數量很多，有些則根本沒有，這也是兩棲生物學家想要研究的，到底為什麼會有這種差異呢？是食物的供應量嗎？跟捕食者有關嗎？還是跟珊瑚礁的體積有關呢？

可能是運氣好吧，下水沒多久我就看到一個細長的棕色影子，慵懶地朝我游過來。就算我沒戴眼睛，還是知道那東西是什麼。海蛇看起來一點威脅都沒有，但是這個毒性超強的傢伙就近在咫尺，隨時可以攻擊我，還是讓我感到非常緊張。然而在這種情況之下，最安全的做法就是完全不要動。

我傻住了。海蛇游向我，在我的護目鏡上「親」了一下，然後沿著我的臉和脖子到處探嗅，這種時候還要保持不動簡直要我的命。我緊閉雙眼不敢看，過了幾秒後我再張開眼睛，那條海蛇早就游走了，渺無蹤影。我不只在水裡嚇

我人生中最驚險的時刻之一：和全世界最毒的生物劍尾海蛇面對面接觸。
（繪：芭芭拉・拉里森）

個半死，還連一條蛇都沒抓到。後來我回到船上，我的同事全都笑翻了。怎麼有人連那麼高的樹都敢爬了，一條小蛇卻嚇得魂飛魄散？這問題我也回答不出來，後來他們讓我留在甲板上負責其他工作，我才終於鬆了一口氣。

慘遭蛇吻，劫後餘生

哈爾負責抓蛇並測量，我則在一旁做記錄。

我們兩個合作起來很有默契，而且我也很享受在船上的工作。不過這個平和的工作，很快地就被意外打斷了。那時候哈爾正要把編號四七〇的海蛇丟回伊索伯珊瑚塊礁的海域裡，海蛇在離開哈爾的手的那瞬間，迅雷不及掩耳地咬了他的手指頭。在哈爾研究蛇類的這些年裡，他從來沒有被蛇咬過，更別說是劍尾海蛇了，那可是毒蛇界中的翹楚啊！

但是哈爾相當有科學研究的精神，只見他冷靜地把相機跟筆記本交給我，要我按時追蹤他出現的所有症狀，如果事態嚴重的話可以當作紀錄。因為從來沒有人詳實記錄過被這種海蛇咬到的症狀，哈爾認為他的失誤至少可以記載下來當作教材。我緊張地拍了幾張照片，然後我們就繼續測量塑膠桶裡剩下的海蛇。

不過麥斯船長已經注意到船上的騷動了，每個浮潛回來的人，聽說哈爾被咬，全都擔心地對著他那隻可憐的手指頭拍照。麥斯有點焦慮，畢竟不管原因是什麼原因，船長都不希望自己的船上出人命。麥斯船長立刻打給飛行醫生服務，要求對方派出一架水上飛機，馬上把哈爾載到陸地上的醫院。

過沒多久，我們就聽到遠方傳來的飛機聲，哈爾向天空發射信號彈，把天空都照亮了。小型的水上飛機停在船旁邊，哈爾便搭上飛機離開。不用說，所有的組員頓時失去研究的熱情，後來大家默默坐在船上，分享哈爾的成就與貢獻，還有他為人稱頌之處。我們心情都非常低落，我們的精神領袖生命岌岌可危，成了自己研究計畫的受害者。晚餐時間很安靜，大家那天也都早早入睡。

黎明時分，我被麥斯船長雀躍的說話聲吵醒，趕緊衝到甲板，想知道哈爾的情況。每個人心中的大石都放下了，因為哈爾不僅在醫院度過難關，而且明天就可以回來船上繼續做研究。有些蛇咬或許有傷口，但是毒牙並沒有注入毒液，看來這次哈爾遇到的就是這樣（幾年後，哈爾傷口的照片，還被放在一本蛇類的教科書裡；真是萬幸，這可是那次意外唯一造成的結果）。我們朝著緩緩升起的朝陽航行，繼續我們在珊瑚島上絕對更安全的陸上研究。

遺世獨立的島礁生活

史維恩珊瑚礁群的珊瑚礁名字都很棒——東歌河島、西歌河島、神秘島、鐘島、軍艦島、吉列特島、普萊斯島、甘尼特島，還有最近才形成的霍華德塊礁，我們一行五人就曾站在這個面積只有六平方公尺的迷你珊瑚島上。科學考察最有趣的就是，我們可以率先命名新發現的島礁，不過十年後我已經不記得當初那個霍華德究竟是何人了。

年輕一點的島礁，植被幾乎都還沒發展起來，我們也盡可能尋找島上的常駐植物。老一點的島礁，像是鐘島或是軍艦島，可以看到發展相對成熟的多樣性植被，種類多達十一種。

在森林生態系的三度空間裡，毛毛蟲的活動很難觀察，因此我利用伏地銀毛灌木來研究幾個問題：

一、蛾的幼蟲在啃食宿主植物時，速度究竟有多快？

二、這些草食性動物如果不小心被樹枝干擾因而偏離了宿主植物，還有辦法爬回原本的灌木嗎？

三、草食性動物對珊瑚島上植被的成長以及存活率，是否有負面的影響？

銀毛樹生長在開闊的海灘，通常集中在滿潮線附近，不過有時候內陸也可

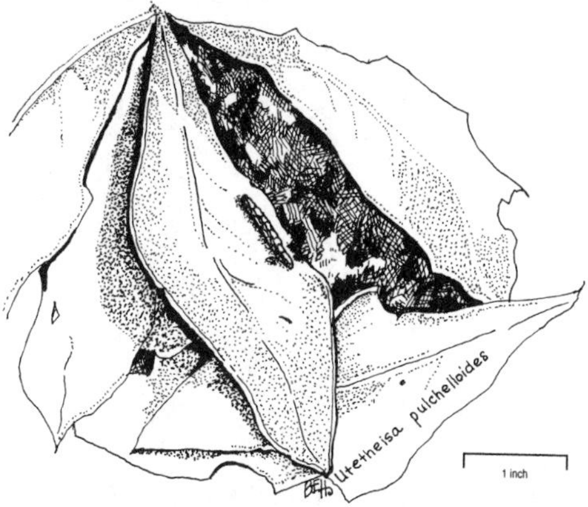

普三色星燈蛾（學名*Utetheisa pulchelloides*）的幼蟲。這種長相普通的毛蟲專門吃珊瑚島上的單一灌木。珊瑚島散布在汪洋大海中，這種昆蟲居然還有辦法找到自己的宿主樹，真是神奇。

（繪：芭芭拉・拉里森）

以看到它的身影。銀毛樹多半長在露天小島的邊緣，可能也是因為它的種子是利用海流來傳播的關係。事實上，浸泡在海水中是銀毛樹種子發芽的先決條件（不像多數植物的種子碰到海水就會死掉）。是否有合適的物理環境（像是風及海水），以及是否有乾淨的水源和養分，則決定銀毛樹的存活率。銀毛樹伏地的生長模式，使得灌木幾乎只有二度空間的形貌，非常有利於我研究毛蟲在宿主樹上的一舉一動。普三色星燈蛾（燈蛾科）的幼蟲只吃銀毛樹。

我試著將毛蟲從灌木上移開，想看看牠們偏離宿主植物後，是否還有辦法找到回去的路。我在三十隻毛蟲的背上，塗上有色指甲油做記號，並以每個小時為單位，記錄牠們的行動、食植行為以及休息的情況。其中有十隻毛蟲的追蹤期，更高達十九天。牠們的地域範圍、爬行距離以及啃食過的樹葉都被記錄下來。我發現一天當中，這些毛蟲有百分之五十三的時間都在進食，另外百分之八在爬行，百分之三十九則是在休息。或許跟人類比以來，這些毛蟲花在吃東西的時間似乎太多了，但是在自然界，草食性動物的確比肉食性動物更需要不斷進食。

普三色星燈蛾的幼蟲在十天內（幼蟲的存活期）平均移動十七呎，不過有時候是一整天都待在同一片葉子上。毛蟲在移動時，通常會爬過幾片葉子才停下來進食，而且絕對不會停在已經被啃食過的葉片上。科學家發現，若葉片被草食性動物啃咬後，植物會在葉片傷口附近分泌毒素，藉此防止葉片再被啃蝕。因此，昆蟲也會自動避開那些已經有破洞的樹葉，以盡量減低牠們吃到毒素。

不同島礁上的幼蟲，其食植的程度也不同。譬如說，在鐘島上，銀毛樹大約被草食性動物啃食掉百分之十八的葉子，而孤樹島卻只損失百分之二的葉面積，每座島礁的毛蟲數量和銀毛樹數量也不一樣，照理說，隨著昆蟲數量的增加，食葉量也會跟著增加。在典型的蟲害爆發中，昆蟲的數量最終會超越食物的供給量，植物也因而面臨完全落葉，甚至是死亡的命運。若是在昆蟲的生活範圍裡，賴以為生的植物局部性地絕種了，或是出現捕食者、寄生蟲等，昆蟲也會衰亡。

究竟島礁、島嶼、或是其他獨立的生態系統，是如何發展出自己的生物族群，科學家到現在還是有許多疑問。譬如說，生物數量是否有最低和最高的臨界點呢？植物跟昆蟲如何接觸到孤立的小島？如果生物消失了，未來還有可能再復育嗎？對於探討破碎化的生態系統來說，這些問題的重要性愈來愈高，因為小島就好比高度發展地景中那些破碎化的生態系統。

博士研究那幾年，我分別在蒼鷺島以及孤樹島住過一段時間，當時常以野外助理的身分，跟著同學去島上研究海洋生態學。我不僅學到了珊瑚礁魚類生物學，還有種類繁多的珊瑚礁，也體驗了從事海洋田野調查的研究生活。我印象最深刻的，包括在蒼鷺島的海洋研究站（該研究站隸屬昆士蘭大學）睡覺時所面臨的挑戰。

如同許多珊瑚島礁，蒼鷺島上有很多季節性的住民——長尾水薙鳥。這種鳥在晚上的時候，會在我們小屋下方附近的沙地挖洞休憩。牠們溝通和求偶的方式，就是不停地大聲鳴叫，一開始先發出咯咯咯的聲音，然後聲音愈來愈大、愈來愈嘈雜。在這種情況下，根本就沒辦法入睡。更糟糕的是，成鳥為了要降落在沙洞附近和家人團圓，常常直接撞上我們小屋的牆，甚至跌進半掩的門內。水薙鳥和很多海鳥一樣，起飛和降落的時候，身手都不太敏捷，必須要有一段緩衝的跑道才行。

海洋學研究生的感情生活，比我在陸地上的同學們來得精采多了。或許是因為偏遠的天堂小島給人無限遐想；也或許是因為被鳥吵得睡不著，所以每個人都成了夜貓子；也或許是因為大家都利用海鳥夜間活動之便，而進行研究生的性愛探險。不管原因是什麼，每次我去蒼鷺島或是孤樹島的時候，都覺得自己好像看了一整個晚上的八點檔。把那些發生在島上的故事收集起來，說不定以後能出書呢。

如偵探般破解生態之謎

因為我待在孤樹島的時間比較長，所以我有辦法如實記錄島上樹灌木的數量，並且計算毛蟲對植群的影響（還有，島上真的只有一棵樹，應該說是一小株腺果藤，而且就位在島的正中央）。在毛蟲十天的壽命裡，平均啃食的葉面積是三點九平方公分。一百二十八株灌木共有二十二萬七千零八十二片葉子（相當於一千一百四十六平方公分的葉面積，或是淨重一百六十點九公斤）。所以有百分之二的葉面積被啃蝕，換算之後，就只是二十一平方公尺或是三公斤的葉子，因此對整體灌木的健康並沒有帶來太大的影響。還有其他科學研究指出，適度的啃食行為其實可以刺激植物的生長，就像割草機能刺激草地的生長是一樣的道理。

為了要測試毛蟲從繁雜的「綠海」中回家的能力，我的實驗是將牠們從原本棲息的樹枝，間隔性地分散並移到銀毛樹灌木的底部。毛蟲大概需要三十分鐘的時間、四處爬行超過三十公尺，才有辦法找到原本棲息的樹枝，但是其實直線路程只有兩公尺遠（爬行時間兩分鐘）。看來這種毛蟲定位的方向感極差，如果牠們是在複雜的森林生態系裡偏離自己的宿主植物，肯定只有死路一條。

我的島礁植被研究的第二個重點，是放在植物的多樣性以及再生能力。我從每個島礁的中心，每一公尺就插入一根黃色木樁，然後沿著這一帶，刻意

在珊瑚礁島上調查植物。身為一位必須爬大樹的樹冠學家，我很享受在低地研究樹冠（其實低地也沒什麼樹冠）的日子。低地的實驗相對簡單，資料蒐集的方式也不一樣。在島上架設樣條、記錄植被和相關草食性動物的拓植情形時，黑面鰹鳥會在旁邊陪我。（攝影：大衛・羅曼）

移除上面的植被。我在六個島礁上做實驗，從年輕的島礁（只有一種植物）到相對成熟的島礁（多達八種植物）都有。

每年的冬天和夏天，我都會回到島上觀察樣條帶、記錄再生的種類、密度及程度。不過這個研究在三年後就被宣告放棄，因為我發現樣本出現人為的破壞因素。在田野生物學領域裡，科學家非常小心地設計實驗，為的就是收集沒有人為影響的生態數據。但是設計實驗並不是那麼容易，實驗結果有時候也會出現偏差。

就這次的實驗來說，我植入地面的木樁成了海鳥最喜歡的棲木。我是不介意海鳥在木樁上休息，但是牠們大量的排泄物，導致樣條區域的營養成分過高，對部分、甚至是多數再生的植物有利，這點我就很介意了。簡單來說，就是海鳥糞便使研究數據出現偏差。於是我被迫放棄這項研究，等哪天我設計出海鳥不想站立的木樁時，就可以再研究一次。

在嚴峻的條件下進行田野實驗是非常困難的，但是設計一個嚴謹的實驗，即排除可能造成結果偏差的各種因素，或許是科學家最重大的責任了。不管是在生態系單純的灌木，還是繁複的大樹上，都有可能出現錯誤的採樣。但是在樹冠層採樣相當危險，這促使我們在設計實驗時得格外地仔細，以免艱鉅的田野工作功虧一簣。

在未受干擾過的生態系進行採樣時，科學家還面臨另一個重大挑戰，那就是我們有義務維持生態系的原貌。島嶼生態系非常脆弱，除了因面積較小以外，再加上與大陸隔絕，如果出現物種滅絕或是外來種，造成的影響都會放大數倍。害蟲的入侵可能會大肆破壞當地的植被。同樣地，如果人類恣意亂丟垃圾，或是隨意淨地，也會帶來破壞，嚴重影響生態平衡。早期孤樹島還沒有人居住前，哈爾·西德沃和一群海洋科學家到島上做考察，哈爾也特別描述了當時他們採取的各種措施：

「加蓋的塑膠垃圾桶，上面覆蓋了一層有好幾公分厚機油的海水，就是專門拿來裝廚餘跟空罐頭的地方。另外一個像這樣的塑膠垃圾桶，就被拿來當廁所使用。每次我們離開島嶼時，這些容器都會一起帶走……在島上我們只會吃罐頭食品，這樣新鮮食物才不會變成當地昆蟲的營養來源。

吃剩的東西絕對不會放到下一餐，而是直接混著機油倒到垃圾桶裡。用完餐後，餐盤跟器具會先拿到海水裡面沖洗，髒水會倒進垃圾桶內……有一天晚上我們在帳篷外面放了一盞瓦斯燈，結果引來了好多……蛾，大概有五隻蛾飛到燈裡死掉了……所以我們後來在戶外都只用手電筒。如果帳篷裡的瓦斯燈是開的，拉鍊一定要拉好，不可以讓昆蟲飛進來，有人進出帳篷時，拉鍊打開的時間愈短愈好，而且不可以全開，足以讓人進出就好。」（H‧西德沃，T‧唐，E‧卡麥隆《珊瑚島的群落生態學：以進出孤樹島為例》一九八一）

一九七九年，我在孤樹島上過了第一個沒有家人陪伴的聖誕節。四個科學家窩在一間簡陋的鐵皮屋裡，我們收集了銀毛樹的枯枝，做成一棵聖誕樹，再掛上白化的珊瑚做裝飾。在島上沒有電話可以打回家，也收不到包裹或是信件，我們在烈陽下哀怨地唱了幾首聖誕歌曲，還聖誕浮潛了一下。我的寂寞是大家的兩倍，因為聖誕節前兩天，我才剛「慶祝」了我的生日，兩位博士班學生還很好心，替我準備了生日大餐，有貝類湯、清蒸石斑，還有一杯溫的琴湯尼（一種雞尾酒）。

在這裡，食物是由內陸的店家裝箱後，運送到孤樹島的。要設計一個兩到三個禮拜的菜單著實不容易，譬如說牛奶，如果用紙盒包裝，再以冷凍方式運送，到島上之後再慢慢解凍，大概可以喝個一個禮拜，所以最可靠的主食就是罐頭食品了。我們都是靠臭都魚幫忙將廢棄物資回收再利用（在孤樹島做過研究的人，應該都很熟悉海邊一個叫做「排水溝」的地方，在那裡可是一點都不適合浮潛喔）。

孤樹島上有嚴重的螞蟻和蟑螂蟲害，因為島上有人居住，所以海鳥的數量也倍增。灰胸繡眼鳥學會飛到廚房找食物，還會弄翻糖罐。這些技能對以前的鳥類祖先來說，可是一點用處都沒有。不過整體來說，島上的植被和珊瑚礁群保存得相當完整。科學家在研究時帶著能維持最基本生存條件的工具過活，同時也負責任地保護生態，換得的是極具意義的代價。

我在低地研究樹冠學到了什麼？對於毛蟲來說，牠們得盡量留在賴以維生的植物上或是僅在附近活動，這一點極其重要。在森林裡，不管是小鳥在樹枝間跳動，還是樹葉被風吹動，都會使得甲蟲的幼蟲掉落一地，幼蟲還沒有能力定位爬回宿主樹冠，因此這些情況，往往都會導致上千隻幼蟲的死亡。毛蟲基本上是不太會動的，若不小心摔到地面上，對牠們來說相當致命。

在森林和珊瑚島上的草食性動物，都較偏好蔭生葉，而不愛陽生葉。有很多種可能的原因。或許是因為蔭生葉比較柔軟，又或是葉片裡的有毒化合物比較低，又或是葉組織比較營養。也可能是因為在陽生葉被捕食者吃掉的機率比較高，還有可能是因為比起陰涼的地方，在陽光底下從事食植行為容易脫水、鹽分較高、風阻較大，自然也比較困難。以上這些原因，都很有可能共同影響毛蟲的食植行為。

即便是在相對簡單的環境（例如孤立珊瑚島上的伏地灌木），植物以及昆蟲之間的交互作用仍舊非常複雜。科學家得像偵探一樣，不斷抽絲剝繭、解開線索，將錯綜複雜又微妙的生態系謎團，一一破解。

第四章

研究生涯與初為人母

有的人能和大自然和平共處，有的人則沒辦法。好比說風和夕陽這些自然的美景，都被視為是理所當然，直到文明的進步逐漸消磨這些美好。

現在我們面臨的難題是，到底追求更好的「生活條件」，值不值得我們犧牲那些存在大自然裡的野性和自由。對我們這些少數人來說，賞鵝比看電視重要，發現白頭翁花和言論自由同樣都不可被剝奪。

——奧爾多・李奧帕德，《沙郡年記》，一九四九年

在森林中研究神秘的生死奧秘之時，我也到了再不生小孩就嫌遲的年紀，一九八五年，我的第一個兒子艾迪出生，我被迫學會有效率地組織各種事情。熱衷於研究工作的我，對母職和家庭生活也同樣重視，但我沒辦法應付生活中大大小小的所有挑戰。我常想，如果我的研究生涯中，能有一位女性導師，或許我就能做出更好的決定，或至少預知未來的生活會是什麼模樣。但是在一九七〇和八〇年代的澳洲，專長植物學的教授裡沒有女性。

三十六小時無止痛劑分娩

一九八四年我懷了身孕，澳洲人管這叫做「烤箱裡有個圓麵包」。看到我懷孕，我公婆對我的職業好像不再那麼有疑慮了。但我也煩惱，或許比起我的科學專業，我能不能生這件事還比較重要。他們這種明顯偏頗的態度，難道意味著未來會發生什麼事嗎？還是我的心煩意亂只是因為懷孕的荷爾蒙作祟呢？

我記得第一次懷疑自己是不是懷孕的時候，我正在昆士蘭爬一棵黑豆樹[1]。我飛到澳洲科學與工業研究組織（CSIRO）在阿瑟頓的雨林研究中心，打算協助一位專員，在黑豆樹林裡進行利用觀測塔研究物候的工作。比起搖擺不定的繩索，在平穩的觀測塔上工作，可以說是件很享受的事情，但是那次不知道為什麼，我覺得頭特別暈，感覺特別想吐。我的身體好像變得不太一樣了。因為這些症狀讓我起了疑心，那天晚上我就偷偷到便利商店買了本懷孕書，那也是店內書架上唯一一本與懷孕有關的書籍。

在這次的研究工作中，除了我之外沒有女性，沒有人可以替我解惑。我躲在被窩裡，用手電筒仔細研讀那本書，發現書上所有懷孕的症狀都和我的一樣，但我還是得等到回去瓦爾夏才能「驗明正身」。這次和我到昆士蘭做研究

1 — 學名 *Castonospermum australis*，豆科。

的，是一位由我負責指導的明尼蘇達的女大學生，我就跟她說了我的懷疑。想當初我們兩個人蹲在澳洲草叢裡，神神秘秘地討論我的肚子，現在講起來還是覺得好笑呢（一九九四年我聽到她老大出生時，也超開心的）我很高興，十年

活動起重機，進入樹冠層另一個非常實用的工具，在我懷孕的時候特別方便。我沒辦法挺著大肚子，全身一堆配備吊在繩索上。我利用起重機進入尤加利樹樹冠，研究遍布澳洲森林的枯梢病。（繪：芭芭拉・拉里森）

後她在博士班念書時，身邊能有女性導師，和她一起討論懷孕的大小事。

兩個禮拜過後，我回到瓦爾夏的醫院，驗孕結果是陽性。我感受到那些身體的細微變化，全都是真的。雖然在澳洲內陸這邊，沒有超音波的設備，但是我的直覺告訴我，肚子裡面是個男孩。懷孕期間我胖了快五十磅，肚子也愈來愈大，妊娠中期的時候胎動嚴重、孩子踢得很厲害，我也等不及想趕快把這個胖寶寶卸貨了。

懷孕的這九個月，我還是繼續田野工作，不過有稍微做點變化。既不用繩索也不用安全坐墊，我很奢侈地利用活動起重機進入樹冠層。我的田野助理希金斯非常貼心，他每次操作起重機時都很小心，而且很有耐心地讓我一次又一次地下來解放膀胱。

懷孕的最後兩個月，我們兩個已經沒辦法一起塞進起重機的升降台了——一個是大腹便便快臨盆的孕婦，另一個是在當地酒吧養出啤酒肚的男人。這九個月的身孕，因為行動不便，也給了我更多時間寫報告，我發現懷孕的時候，體能活動受限，希望以後當媽的日子和我的研究能夠兼容。

好像第一胎都會比較晚生，我的寶寶也超過預產期。我提早到醫院報到，經歷了二十四小時假性分娩的陣痛。又回到家裡，聽我婆婆的建議，吃了中國菜，還到後院的草溝那邊勤走助產。

隔天早上，我在後院邊走邊看，數了超過一百隻的黑頸鸛——也叫做Jabirus[2]我終於在十一點的時候進了醫院。我從早上陣痛到晚上，寶寶胎位不正，動都不動。我生到快虛脫，但是在鄉下的醫院沒有止痛藥。我對醫生有信心，他說如果有任何併發症，他就會立刻打電話給飛行醫生服務。

午夜時分，產房的生產床居然垮掉，而且我人還在上面，還好安德魯的卡車裡有工具箱，暫時把床修好了。大約凌晨一點，醫生看我累到不成人形，告訴我我應該要罵一下髒話，抒發一下情緒，但因為我太累了，所以我只弱弱地說了一句：「唉唷我的媽呀」。沒辦法，我知道的髒話太少了，我也不想在那麼累的時候，多學幾句新的（我在產房的超弱髒話，後來淪為大家的笑柄，被笑了好幾個月）。

對於整個過程，我幾乎沒什麼印象了，但是愛德華・亞瑟・伯吉斯終於在凌晨一點二十二分出生，體重八點五磅。歷經完全沒有止痛劑的三十六小時分娩後，我馬上沉沉睡去。醫生繼續替我的會陰部進行縫合，那是因為寶寶過大，生產時造成會陰部出現撕裂。其餘一切都好，而且那禮拜在醫院生小孩的只有我一個，所以我足足在醫院休息了七天。

在大自然的育兒生活

我們第一個兒子的名字，是來自他的外曾祖父和我的兄弟（他們都叫愛德華）還有他的曾祖父（亞瑟・伯吉斯）。我非常鍾愛這三位男人。我祖父是一位非常慈祥的人，他也是我和我的手足在兒時最好的朋友。

我丈夫的祖父──亞瑟，大概是我在牧場上最親的朋友。我們兩個都很熱愛大自然，也常常彼此分享自己今天又看到什麼鳥、看到什麼花，又或者只是閒

2──葡萄牙語，意思是黑脖子的追獵者。

談季節的變化。我常常邀他到家裡喝下午茶或吃晚餐，他也從來不會批評我，好像很喜歡看我研究尤加利樹的自然歷史。諷刺的是，比起我先生跟我婆婆，他似乎是對我的工作最感興趣的人，也或許只是因為我們兩個天生都很愛樹吧。

亞瑟會鉅細靡遺地告訴我紅寶石山莊一路走來的故事：年輕時的他，如何從雪梨走到瓦夏爾，如何在這一區定居。艾迪（我大兒子愛德華）出生沒多久，亞瑟就去世了，我想他或許是在等我生出第一個男性子嗣才闔眼的。我不只失去了一位忠誠的朋友和家人，也失去了一個讓我愛上澳洲鄉村的人。亞瑟把他的家園留給我跟安德魯，只要看到那些牆，我就會想起他的和藹和善良。

我們的第二個兒子，詹姆士·布萊恩·伯吉斯，在一九八七年出生，這次只花了十二個小時就生出來了。我務實的牧人先生（他在牧場上常常遇到生產）在我第二次分娩時，不是在外頭緊張地等待，而是決定睡個大覺。當然他的決定是很實際，但這對一個妻子來說卻很難受，我只好告訴我自己，這是文化差異（就這點來說，美國的夫婦好像比較會一起分享懷孕的喜悅，一起去上助產課、一起閱讀育兒書刊，相較之下，我在澳洲懷孕的過程就完全是我一個人的事）。

小兒子的名字詹姆士，取自一百多年前伯吉斯家族裡，第一個從蘇格蘭來到澳洲的移居者。中間名布萊恩，則是取自他爺爺。我很愛也很尊重的我公公，他經營牧場的熱情跟能力非常強，他對羊群和牛隻的了解程度，在這一區也是數一數二的。

生下兩個兒子，這個大型澳洲鄉間牧場的第五代，似乎也替我的職業抱負劃下句點。雖然相夫教子並不完全是我想像的生活型態，但在那種情況下，我想做母親大概是我最能被接受的角色。

在家裡照顧兩個兒子，和我以往的生活經驗差太多了。每一件事情都好新鮮，而且博士頭銜對於寶寶為什麼哭這件事，一點用也沒有。我們四個人都好累好累，只有我先生還沒瘋掉，因為工作的關係，他凌晨到傍晚這段時間都不在家。我猜搞不好看羊都比看狂哭的小孩還有趣！一直要等到艾迪大一點、詹姆士大概七個月大、可以吃固體食物之後，這兩個小傢伙才真的有安靜的時候，而且終於肯睡上一段時間。我的理論是（這是我後來想的），這些小寶寶其實在出生的第二天就想吃牛排，只是我不知道罷了。

我慈愛的媽媽從紐約千里迢迢飛來找我，在我生產後幾週，幫忙我照料家裡，我後來生詹姆士的時候，她也有來。雖然時差讓她很累，但她還是會抱著寶寶又走又搖，讓我可以好好休息。

有一天，我母親帶著艾迪到我們超長的車道散步時，一條花斑棕蛇兇狠地朝娃娃車爬來，她嚇了一大跳，馬上來個大轉身立刻直奔回家。我公公剛好開著他四輪驅動的卡車來我們家，他就問我媽為什麼那麼匆忙，我媽形容在車道看到的那條蛇給他聽，他笑了起來，還興致勃勃地跟她說：「被這種蛇咬到啊，包你九十秒內翹辮子。」那是一條虎蛇，非常致命，而且有時候攻擊性很強。從那天起，我媽媽對於我在大自然裡養育小孩這個決定，原有的信心全部崩壞了。

艾迪只要有吃飽，就是個標準的乖寶寶。他很喜歡玩，吃得好睡得好，而且很快就學會跟人溝通了。他很常陪我，在他才剛學會走路時，我就會帶著他到森林裡散步，順便檢查枯落物收集盤，計算薄荷樹苗上面的甲蟲數量，我也會帶他去我在大學的辦公室處理一些事情。他不到一年就學會講話跟走路，我常想，他之所以這麼早熟，是不是因為我對他特別關心。

鄉下地方沒什麼事情，電話不常響，我的家人也遠在地球的另一端，沒有有線電視，也沒有日間托兒所。因為沒有人可以幫忙我照顧小孩，所以我放棄了參加研討會或是發表演講的機會。我都趁小孩睡午覺時，趕快撰寫研究文章。但是跟我的研究比起來，完成各種家事還是更重要。

小孩幸運逃過毒蛇劫

因為沒辦法常常拜訪陶冶身心的大學，我只好折衷在家打造花園。我很用心蒔花種草，還希望可以傳承歷史，打造一座有新英格蘭色彩的林蔭花園（還有，因為我住在澳洲的新英蘭格區，所以英國植物可以種得起來）。我買了杜鵑、荷包牡丹、海葵、黑黎蘆、耬斗菜，還有很多其他植物。我又耙又挖，填土施肥又澆水，身材也變得超壯。

我在花園裡淨空某一區的時候，搬開瓦礫後發現有朵纖弱古老的玫瑰殘枝抽出新芽了，看來這正是伯吉斯家族的曾曾祖父母，從蘇格蘭飄洋過海帶來的。孩子們的曾祖母，在我之前也照料過這個花園，她也在珍貴的老榆樹下面，種植許多新英格蘭特有的灌木。

艾迪是我在花園裡的小幫手。他非常「擅長」吃泥巴，還會把身體弄得髒兮兮。他最喜歡拖著水管在花床上跑來跑去，還有將水龍頭的開開關關的。不過，孩子在花園裡爬來爬去時，我的神經都很緊繃，因為我知道附近其實有很多毒蛇。澳洲大約有百分之九十五的蛇都是有毒的，想到這樣還有誰放得下心啊。

我的憂慮終於在某一年的春天成真，那時有條棕蛇在我們家外屋那邊打造了自己的蛇窩。後來我們把蛇寶寶都移走了，至少我們是這樣覺得的，但是艾迪出生的第一個夏天，我們仍在花園裡看到很多棕蛇和黑蛇。

有一天，天氣很炎熱，我「剛好」在艾迪收水管前，哄他睡午覺。雖然他很喜歡收水管，但那天實在是太熱了，而且他也已經快睡著了。我獨自回到花園，伸手要去轉水龍頭，它原本的位置大概是在花床中間，但我隱約感覺到它好像移動了兩呎，我這才發現我差點要朝棕蛇的頭上抓去，那隻棕蛇就在水管旁邊，非常兇猛地挺立起來，一副準備要攻擊的樣子。我趕緊跑回到屋子裡，把門鎖上，想到我的兒子平常這時候都會去關水龍頭，今天幸運逃過一劫，我就鬆了一口氣。

澳洲的主婦幾乎都知道該對花園裡的毒蛇格殺勿論，所以我將獵槍上膛後，小心翼翼地走回我剛才差點被咬的地方。謝天謝地，那隻蛇早就不見了。我鬆了一口氣，因為我實在不是很想用槍。想也知道，後來的幾個下午我都不讓艾迪在花園裡玩。我的澳洲丈夫對我的擔憂只是一笑置之，還說我遲早會習慣這種事。

我的新事業——經營民宿

我們家附近那些年輕且新婚的女性朋友，跟上一代的澳洲鄉下女人截然不同。她們都想要工作、想要唸書，想要脫離受牧場掌控的經濟來源，自己獨立自主，但是在鄉間要追求這樣的目標並不容易，因為鄉下地方人不多，工作機會不多，生活裡也沒什麼藝文活動，更遑論進修教育。簡言之，即便二十世紀已經很進步了，我身邊還是有很多女性友人感到很挫敗。對於只能步上自己母親及婆婆的後塵這件事情，也只好妥協。少數人在努力之餘，成功地開了服飾店，在地方上的學校教書，或是經營民宿。

我就開了一間民宿，因為我亟欲為自己的家居生活，找到一條宣洩的專業管道。我在我們的牧場經營附有早餐的民宿，利用住屋側邊的空房，弄了一間雙人豪華客房。然後把剪毛棚附近的小木屋，整理成可以容納四個家庭的一般客房。

我覺得自己一定要有錢，不管有多少，至少我可以買得起給小孩看的書，不需要動用到平常的家用；而且開民宿要做的事情，和我平常要做的家事也差不多。

我的新事業迫使我凡事都要有規劃。我每天早上七點半，就要準時用銀盤裝早餐、送早餐（那時候我的兒子們都還小，我每天都祈禱希望他們不要哭叫）、午餐是餐盒，然後是晚上七點的燭光晚餐（還要繼續祈禱——我通常都會提早哄孩子睡，然後希望他們安安靜靜一路睡到天亮）。

雖然要帶孩子，還有客人會不會上門的壓力，但我發現經營民宿有兩個很大的優點。首先，我的組織能力變好了，還可以運用到家務上。設計菜單、購買食材、注意小孩和大人的吃飯時間，最後還要洗碗，這些工作都必須要很流暢地進行（幾年後我成了單親媽媽，那時經營民宿的訓練，讓我在安排家務時更加得心應手）。再來，因為大多數的客人都是對大自然感興趣的美國人（不然他們也不會來這個偏遠的民宿了），我也交了幾位興趣相投的朋友。大部分的客人發現民宿女主人是美國人都很驚訝。這對我的生意也有好處，因為客人都喜歡喝現煮的咖啡（大多數澳洲人家裡都是即溶咖啡）、習慣廁所裡有浴巾

（澳洲人不常用），他們也需要有人幫忙翻譯澳洲的俚語。

客人喜歡看無尾熊、袋鼠，還有其他牧場附近的野生動物，我也設計了一條旅客可以自己去探索的路線，還搭配有導覽的小冊子，這樣他們有空時就可以認識更多美麗的植物。

我的客人來到鄉下放鬆度假，他們也給了我很多美好的想法和精神上的支持，還會告訴我美國人現在都在幹嘛。譬如說他們會問我，怎麼有辦法活在這種與世隔絕的地方；或是問我，怎麼有辦法跟公婆相處。也只有美國人那麼有好奇心，連這麼私人的問題都敢問（這也是為什麼有些澳洲人說美國人「愛管閒事」，原因不難理解）。儘管我的客人有如此坦率的好奇心，我還是很感謝他們關懷和同情。

成為新手作家

就在我忙於家務、忙著當媽媽、半荒廢我的科學研究之餘，枯梢病的疫情受到了全國的關注。一家出版社問我跟哈爾（我的博士後研究指導老師）願不願意針對枯梢病寫一本書。想到家務纏身，我實在沒什麼信心可以完成這個任務，但是哈爾之前有出書的經驗，他覺得我們兩個一起合作絕對沒問題。

那次寫書對我來說是個很正面的經驗，因為大多數的時間我都在家寫完我負責的部分，偶爾還能去一下大學的圖書館。我們一人寫四章，這次的合作經驗非常愉快。我很感謝哈爾和我分享他的專長，他也很體諒我必須要照顧家庭，所以在時間上非常配合我。

我永遠忘不了校稿那天。我生完老二詹姆士，才要從醫院回到家。我匆匆忙忙地想要趕快到大學去幫忙校稿，哈爾就已經興沖沖地開車到我家，把樣稿唸給我聽，讓我也能一邊照顧寶寶。這過程真的很有趣，我們也在很短的時間內就完成校稿。

出版社知道我住在鄉村的大牧場，還是枯梢病蔓延的中心，便提議新書分享會就應該要辦在我們家的剪毛棚。新書會辦得很盛大，我的鄰居們，還有許多雪梨出版界的人士都出席了。不管是新書宣傳期、新聞採訪期還是後續的研究活動，我夫家都非常配合，但我相信他們內心一定很希望我對科學的熱情可以趕快退燒。

澳洲是適合我養育小孩的環境嗎？

我人生最特別的一段回憶，發生在我一邊努力研究、一邊照顧小孩的那段日子裡。

有一天我搭公車前往昆士蘭，準備去帶領一群守望地球組織的志工進行樹冠考察。因為我那時候經濟能力不允許，加上我也不想託人帶小孩，所以如果偶爾有這種研究工作的話，我都會帶著艾迪一起去。因為坐公車費時甚久，所以我準備了一堆小孩子的玩意兒，有零食、書，還有小玩具，通通都是拿來吸引注意力很難集中的三歲小孩的。

那天我手邊有一本蘇斯博士的新童書《綠雞蛋和火腿》，那時候我已經教會艾迪所有字母的發音，所以我直接把書拿給他看。神奇的事情發生了，他開始看著字唸出來，而一個人把整本書從頭唸到尾。他不只把《綠雞蛋和火腿》唸完，到了歐萊利家的雨林旅館時，還唸了菜單上的每一個字。我不知道其他同事是不是和我一樣驚訝，但我真的很慶幸能同時享受做研究和為人母的樂趣。我知道是我的科學生涯給了我這麼特別的一天，讓我能和兒子在公車上一起擁有閱讀時光。

順帶一提，可憐的艾迪因為媽媽對植物的熱愛也付出了一些代價。在那次的考察中，他的耳朵被深紅玫瑰鸚鵡[3]尖銳的喙啄了好幾下，大概過了半年，他才真正克服對大型鳥類的恐懼。他在家裡的花園探索大自然時，也曾經被牛蟻咬過。但這些意外卻讓他更想要當個科學家（我常鼓勵他可以選擇比較普通一點的職業，像是會計師或律師，但到現在他還是很想步上他母親的後塵）。

不管我在澳洲鄉村從事科學研究招致過什麼批評，至少有一件事情我是很成功的：那就是傳宗接代生了兩個兒子，牧場未來的主人翁，這可是我先生無

3 — 學名 *Platycerus elegans*，鸚鵡科。

比的驕傲。不過，小孩子就像植物一樣，需要特殊的環境和條件才能成長茁壯。澳洲內陸許多價值觀都和我從小認知的不一樣，我有辦法在這種環境下，好好養育我的兒子嗎？

第五章 世上最棒的樂透

森林就是一個碩大的實驗室。在這裡，產生的新種會經過測試，如果有瑕疵，就只能被淘汰……滿滿的幼苗在高聳的父母樹底下，充滿希望地成長；它們又瘦又小，還需要更多營養；而長得挺拔的中年大樹，已經開始碰觸到久站多年那些老樹的肩膀，默默地告訴它們，是時候該讓位給更年輕、更有潛力的下一代了——在無聲無息中，永無休止地爭奪在陽光下的一席之地。

——亞歷山大·史古奇，《哥斯大黎加的博物學家》，一九七一年

我除了常常到樹冠裡探險，也漸漸在地面上發展出第二個研究專長。這也多虧了我超棒的導師喬瑟夫・科奈爾，在我讀博士班的第一年收我為徒。喬瑟夫（喬）是加州大學聖塔芭芭拉分校生物學的教授，他來到澳洲做物種多樣性的研究，這題目讓生物學家及生態環境保育人士在理論上或應用上都非常感興趣。喬選了熱帶雨林及珊瑚礁群這兩個向來以物種多樣性聞名的生態系做為田野調查的對象，在近距離的昆士蘭剛好也兼具這兩種生態系。

喬是訓練有素的海洋生物學家，他需要和一位熱帶植物學家合作，那時我是雪梨大學唯一研究雨林生態的人，所以這個人人覬覦的合作機會自然就是我的了。在我多年的研究所生涯中，喬一直是很支持我的同事，二十年過後，我們還是持續共同合作這項重要的研究計畫。

喬真的可以說是生態界的奇才，世界各地好多學生都受到他的啟發和影響。從一九六三年開始，他和一群助理（我是他第二代的植物學助理，比李奧納多・韋伯、傑夫・崔西資淺一點）在澳洲兩個雨林樣區裡記錄、辨識、測繪所有的樹木、樹苗和種子。

這個長時間累積下來的資料庫，現在已經開始產生重要的結果，像是哪些樹能成功長到最頂端，還有哪些因素影響物種的生存率和死亡率等。好幾十年來，世界各地的科學家都來「朝聖」，協助我們在雨林研究物種的多樣性。好多新的生態理論，都是從我們泥濘的雨林樣區而產生。

感覺在雨林的研究似乎有一種交互現象：只要地上愈泥濘、我們反思就愈澄清。曾經在樣區裡匍匐前進尋找種子的人，好多都是現在第一線的科學家：羅伯特・布萊克、彼得・切森、霍華・德裘、勞芮理・福克斯、凱薩琳・耶布林、彼得・格林、大衛・蘭姆、派崔克・馬羅、當努・帕茲、偉恩・蘇薩、泰迪・戴莫等等。而這一章的標題「世上最棒的樂透」有兩種意涵，除了指我有幸和喬成為同事，更是指那些在雨林地表種子們未知的命運。

過五關得大獎的種子之旅

雖然我們認為樹冠上的各種變化，大多數都是高高在上，但是森林地表可是生命力萌發的地方。有多少種子是經過不可思議的勝算後，才得以自地面往上長成今日的大樹。在森林的地表，隱藏著這世界上規模最大的樂透彩。每一種有樹冠層的樹種，從種子、幼苗、樹苗、幼樹、到前生樹更新[1]的每一個階段，都會參與樂透競賽，但成功率幾乎微乎其微，只要有點數學頭腦的賭客都不會參加的。據估計，一公頃的雨林每年約有十五萬顆種子發芽，然而只有不到百分之一的幼苗能夠長成大樹。

我們的雨林樣區，平均每公頃有七百四十八棵大樹（及胸處的樹幹直徑超過十公分），不過有時候一季可能就有兩千多棵種子發芽。種子有沒有辦法增加自己在這個生態賭盤裡的勝算呢？如果可以的話，又是什麼因素讓贏家勝出，順利長成大樹呢？

在這場樂透中，種子首先得落到森林地表，或是土壤縫隙裡，才有機會發芽。從樹頂結實之處，一路到地面，那可是得穿過繁複的樹枝和層層樹葉，旅程非常險峻。如果種子成功到達地面，但沒有落在適合立刻發芽的環境，就得趕緊加入種子庫的行列（也就是在土壤裡保持完好無缺、未腐爛，也沒被生物吃掉），等到日後再發芽。

種子樂透跟小孩子愛玩的電玩很像，必須要經過層層關卡、過關斬將之後才可以贏得最後勝利。就像任天堂的超級瑪利歐，會不斷遇到障礙，要循著不同的路徑，以躲避死亡陷阱。從樹冠頂端出發的種子們，也必須過已下這五關，才有辦法成功獲得「大獎」：

一、安全降落到森林地面。

二、成功發芽。

三、撐過幼苗（或子葉）階段，拿到前期更新的門票。

四、在樹冠的林蔭底下，繼續處於壓抑的狀態，不斷儲存能量，在冠下層

1——在伐木過程中倖存的苗木。

發育成樹（對多數存活下來的樹木而言，這個階段已經是最終的目標了）。

五、最後，因爲某個契機獲得大量的陽光，從壓抑狀態中釋放，一路長到樹冠上層，變成大樹。

長成大樹的奇蹟

能夠在林蔭底下發育成樹苗，並持續生存的樹種，稱為耐陰性樹種。根據我們的紀錄，有些耐陰樹種的種子已經在雨林生長三十五年了，卻還是只維持五吋高（約十三公分）。我認為，種子能夠在陰暗的森林地表生存，持續等待孔隙的出現，這種能力根本是植物界的奇蹟。

反過來說，沒有辦法在林蔭底下存活的樹種就稱為不耐陰性樹種，這種種子在陰暗的地表根本沒辦法發芽，但如果落在陽光充足的地點，發芽的速度便會非常地快。不耐陰性樹種常常被稱做「先驅種」或是「拓殖種」，因為它們有辦法在發生干擾後的裸露地上，耐受充足的陽光、順利發芽成長。不過，經過一段時間，耐陰種在林冠下層開始萌發後，通常先驅種就會將之取代。在樹冠層的下一代發展出新的變種，這就是所謂的演替。

森林樂透的第一個階段，就是種子從樹冠頂層到達森林地表的過程。這階段看起來很簡單，不過就是種子利用地心引力，從果子結實的地方，飄落到地表準備發芽。但是這一趟旅程可說是危險重重。也因為如此，大樹們早就已經發展出各種新奇的方式，確保種子旅途安全。每個樹種的種子其大小重量、型態、播種的季節，以及吸引傳播者的方式都不同，就連保護珍貴種子落到地面所分泌的化學物質也不同。

花朵和果實幾乎都生長在活動最茂盛的樹冠層。不過，自然界總是有美妙的例外，例如有種叫做幹生花的植物，就是在樹枝和樹幹上結果的。因為幹生花對早期的探險家來說實在是太罕見了，因此一七五二年一位瑞典植物學家奧

2—學名 *Triunia youngiana*，山龍眼科。
3—學名 *Theobroma cacao*，梧桐科。
4—學名 *Couroupita guaianensis*，玉蕊科。

斯貝克到爪哇島時第一次發現這種無葉的寄生物時，還以為自己發現新種。他寫道：「這種不到手指長度的小型藥草植物長在樹幹上，非常稀有，之前根本沒人看過。」幹生花並不常見，比較有名的包括澳洲的蔓生金銀花[2]、南非的可可樹[3]、中美洲的砲彈樹[4]等。我的學生不論大人還是小孩，都非常喜歡觀察幹生花，並討論著它們像不像長在樹幹上的花椰菜。

另外，「種子雨」指的就是種子從樹冠層落到地面。溫帶樹種每年都會固定開花結果，每年秋天橡樹會結滿橡果，春天楓樹則會不斷地灑下翅果，成為溫帶地區的孩子在走路上學途中，源源不絕的玩具直升機。

然而在熱帶地區就不是這麼一回事了，種子什麼時候要落下很難預測。到現在，生物學家對於許多雨林冠層樹種開花結果的季節模式，還是一知半解。研究植物物候學需要好多年的觀察，有些樹種的繁殖物候非常特別，讓科學家驚喜之餘，也進一步促進了其他樹種的保育工作。

譬如說南極山毛櫸為大年結實的樹種，每五年山毛櫸的樹冠就會開花結果，寒溫帶森林裡便下起了種子雨。而大年結實那年的氣候條件則是山毛櫸種子發芽的關鍵。也因為這種特別的模式，中間沒有結實的年份並不代表山毛櫸的數量正在減少。

我一開始在研究南極山毛櫸時，花了很多時間在澳洲高山雨林裡的山毛櫸底下尋找幼苗，卻徒勞無功。費了多年功夫在山毛櫸樹下數千平方公尺的森林地表勘察，就只找到兩株山毛櫸種苗，而且兩株都是長在倒掉的木羊齒[5]上。木羊齒粗糙的表面，為種子提供了發芽的環境，而且倒掉的樹幹就像海綿一樣，比土壤還濕潤。一開始，我還有點擔心森林裡都沒有山毛櫸的種子，但是二、三十年沒有種子發芽，對可以活上好幾千年的樹來說，似乎並不是什麼大事情。除此之外，山毛櫸的樹幹或是倒掉的山毛櫸也會萌發枝條（或是樹芽），看來這種樹要延續下一代，根本不成問題。

為什麼山毛櫸這種樹，會演化成大年結實呢？每年都結實的話風險不是比較小嗎？答案不只是產出多少顆種子那麼簡單。生物學家發現，如果種子的生

5 — 學名 *Cyathea leichardti*，桫欏科。

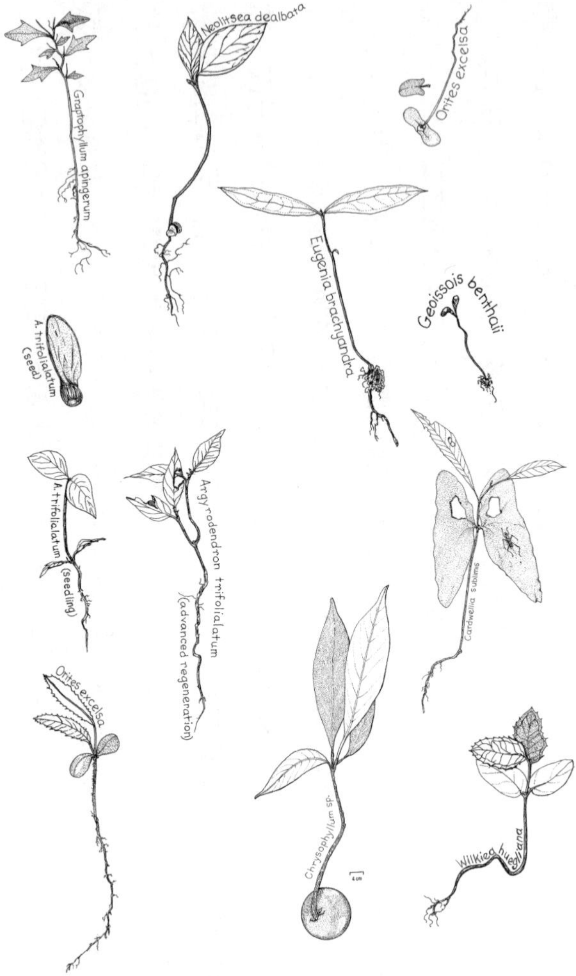

澳洲雨林的幼苗。各種形狀和大小都有，在森林地表拼貼出一幅美麗的馬賽克。要猜中哪一顆種子最後能夠長成冠層的大樹，根本和要中樂透一樣困難。（繪：芭芭拉．拉里森）

產時間沒有規律，這樣的種子比較能夠躲過捕食者的侵害。如果再以能量利用的角度來看，每年都結實的話相當耗能，如此會用掉本來可以幫助長葉或是行光合作用的能量。

三十五年的樹苗觀察紀錄

就像青少年的體型有高矮胖瘦的差異，樹的種子也有各種大小不同。如果被中美洲砲彈樹[6]的種子砸到，可能會有生命危險；但也有其他熱帶樹種，如巨大的螫人樹[7]，種子迷你到可以靠風來傳播。種子的大小也是很複雜的屬性，母樹在製造大種子時，消耗的能量雖多，然而每顆種子的存活率卻會因此提高。相反地，生產小顆種子比較不會耗費母樹的能量，但種子掉到森林地表

6 — 學名 *Couroupita sp.*，玉蕊科。
7 — 學名 *Dendrocnide excelsa*，蕁麻科。

後，也沒有提供可以使用的儲備能量，幫助它們在森林地表上站穩腳步。

小種子會發展出子葉（發芽後長出的第一對葉子），在森林的地表上既脆弱又迷你，它們通常是以風為傳播的媒介，因此分布既廣泛且隨機。許多樹種的小種子都會在陽光和水氣都充足的孔隙間發芽，因為種子本身沒有食物庫存，所以得等到條件都備齊了才能生根發芽。

那到底是大種子好還是小種子好呢？整體來說，並沒有所謂的好壞，因為在不同環境之下，大小種子各有自己的優勢。在澳洲雨林的地表上，黑豆樹[8]和丹絨樹[9]的大型種子，掉在自己的母樹底下，原本的樹冠層就會逐漸被新生的樹種給取代。換句話說，即新生的同種樹，取代了自己的母樹。有些樹種，像是賽赤楠[10]，豐滿紅豔的果實十分吸引鳥類或是小型哺乳類，因此種子就不會直接落在母樹底下，而是被這些動物帶到森林其他地方。其他更迷你的種子，則是成千上百地乘著風四處傳播。

雨林裡的果實有各種顏色，像是紫色、紅色、橘色、檸檬黃、鮮紅色、白色、黑色、紫紅色、粉紅色、緋紅色、桃紅色，還有許多深淺濃淡的色澤變化。如此鮮豔的顏色為的就是要吸引吃愛果肉的鸚鵡或是其他捕食者，被吃掉的種子進入消化道後會隨著排泄物排出，動物就成了播種者。裸眼鸚[11]就是個很棒的例子，牠們在不同樹冠休息時，會順勢排便在樹杈間。

榕樹[12]會在樹冠頂端發芽，根則開始向下長，直到碰到地面，和一般由下往上長的植物大相逕庭，這種生長模式被稱為「半附生」。生長的初期會以附生植物（空中植物）的形式成長，最後向下生根到達森林地表。榕樹這種由上至下的生長方式，不僅是森林中罕見的特例，我認為這也是歷經不斷演化後最成功的生存方式。如果可以的話，我真想回到十萬年前看看這片雨林！我猜，以如此聰明的方式爭奪陽光、由上至下紮根，榕樹未來一定是森林中的霸主。

8 — 學名 *Castanospermum australis*，豆科。
9 — 學名 *Planchonella euphlebia*，山欖科。
10 — 學名 *Acmena ingens*，桃金孃科。
11 — 學名 *Sphencotheres viridis*，黃鸝科。
12 — 學名 *Ficus sp.*，桑科。

榕樹不僅有自己一套特殊的生存手段，穩固自己在樹冠的一席之地，它們之所以可以繼續生長，也全都靠絞殺宿主樹的能力。一旦它們的根部向下紮進泥土裡，就會開始以攀抱、纏繞等方式，不斷壓迫宿主樹，直至宿主樹死亡、腐爛為止。許多絞殺榕的中間都是空心的，那是因為最初的宿主樹已經腐爛，徒留絞殺榕繼續攀附著空殼成長。

在森林地表研究樹苗時，有件非常累人且需不斷重複的工作，我們這群研究生態樂透的人，把這個工作叫做「匍匐前進」。不過我這個人向來比較樂觀，我把研究樹苗時頻繁地或站或坐或蹲，當作是在上有氧運動課，而且還是不用收錢的呢。

我們花了很多時間，在森林地底上爬行，就是為了尋找、辨識、標記雨林裡的樹苗。這項任務是為了測量我們樣區裡，所有樹種的種子分布狀態以及數量，並在往後數年能持續追蹤。哪些死掉了？哪些減少了？哪些種子發芽了卻無法繼續堅持下去？哪些種子努力求生存卻仍未長大？最後茁壯成樹，加入樹冠層行列的又有哪些？這項工作需要很長的作業時間，也需要很大的耐心去比對非常非常多的迷你個體。

我們用的是永久的鋁製生態標籤（數量已經高達六萬多個），並採用森林地表的網格系統來測繪製新樹苗的位置，並檢查編過號的舊樹苗。這項工程非常浩大，但是卻讓我們培養出堅定的革命情誼。

我們真的是以龜速在地上爬行，匍匐三十呎後，累了就停下來吃Oreo餅乾或是薄荷糖（這是澳洲人很喜歡的糖果）。因為這項工作必須聚精會神，我的

在森林地表「匍匐前進」，就是要沿著地面爬行，標記、測量每一個幼苗。這些山欖屬的植物，根據我們從一九九八年的紀錄開始算起，已經存在超過三十年了。如此緩慢的成長速度，讓我們對雨林中樹木的生長和再生大大改觀。（攝影：喬瑟夫・科奈爾）

同事有一次居然認真到連水蛭爬到眼睛裡都不知道。我們後來還必須帶他去醫院讓醫生把水蛭弄出來，因為那隻水蛭早就飽餐一頓，胖到爬不出他的眼球。

每年樹苗團隊都會在澳洲勘查四公頃的雨林，經過三十五年後，我們發現不論是種子雨、樹苗發芽，還是熱帶樹種的生長，差異都非常大。大年結實、每年結實，又或是由季節雨、或強光等環境條件引發的種子雨，不管是哪一種結實型態，都是相鄰樹種最成功的生產模式。

有些成年的樹種，在我們觀察的三十五年裡都不曾開花結果。譬如說合蕊林仙屬[13]、加勒比海紅木[14]、白木蘭屬[15]等樹種，在我們的紀錄中都已經是成年的樹株，但是卻沒有結實的現象。我們猜測，這類的樹種不常開花，或許每五十年、甚至更久才開一次花；又或者，微妙的氣候導致這些樹無法育種。只有繼續耐心的觀察，森林樂透才有被摸透的一天。

自從我進行樹苗研究後，對森林的看法變完全改觀。每個樹種在這幾十年的光陰裡都有其特質。我超怕檫樹[16]下起種子雨，因為這些幼苗成千上百、密密麻麻的。每次看到新的藤蔓，我便會起躊躇不已（因為很難辨識）如果發現罕見的貝殼杉[17]，還有齒狀子葉非常好認的美洲山椒[18]，我都開心得不得了。樹苗的外觀和生長模式不盡相同，但都令人驚艷，其生態習性也都十分獨特。

飛越半個地球的親情支持

身為一位女性田野調查者，在參加這項集體合作的研究計畫時，要準備的東西總是比男性同事多。我還記得以前那段瘋狂的日子，我得一邊參與田野工作、一邊應付森林裡寶寶的日常生活雜事：餵奶、換尿布、寶寶肚子痛，還有寶寶奶嘴弄丟時的慌亂。有一次我發現艾迪睡在搖籃裡，身上蓋了件「蛆寶寶

13——學名 *Zygogynym semecarpoides*，林仙科。
14——學名 *Pseudoweinmannia lachnocarpa*，火把樹科。
15——學名 *Galbulimima belgraveana*，舌蕊花科。
16——學名 *Doryphora sassafras*，香材樹科。
17——學名 *Agathis robusta*，南洋杉科。
18——學名 *Orites excelsa*，山龍眼科。

羊毛毯」（沒錯，那件毯子爬滿了蛆，這種事情很常見，因為麗蠅喜歡在潮濕的羊毛上面產卵）。都怪我們家沒有烘衣機，再加上那時是多雨的冬季，所以艾迪的毛毯曬了卻沒有完全乾。除了這件事以外，還有好多事情都讓我擔心無法在這樣澳洲內陸的生活條件下同時從事研究，雖然我也很想兩者兼顧。

在澳洲鄉下，男女的分工相當傳統。一旦小孩出生了，女人的生活幾乎就是圍著小孩團團轉，還要處理廚房裡的大小事。擁有博士學位的我，畢生都在學習如何當一個科學家，面對這種突如其來的改變，我根本就沒有準備好。我總是把〈生態學月刊〉夾在〈女性週刊〉裡，好讓我在看科學文章時，看起來像是在研究居家佈置的最新趨勢（我知道這樣很沒骨氣，但是我當媽已經夠累了，很快就學會該如何才能避免衝突）。

我的婆婆是非常傳統的女性，她時常提醒我，她放棄了幼教老師的工作，因為那是身為牧人妻子的必要犧牲。雖然我很希望她能夠支持我以兼差方式從事研究的這個決定，但是她似乎非常反對。不知道她會這樣，是不是因為她後悔放棄過去、放棄去追夢呢？還是這純粹只是兩代之間的隔閡呢？她總是很忙，忙到沒空幫忙照顧孫子，但我相信她一定知道，我在這裡無依無靠，一個人忙得焦頭爛額。我在想，她肯定是希望我可以全心全意專注在母職上，不要再去追求我的學術渴望。我常常躺在床上徹夜難眠，想著到底要怎樣才有辦法取悅這個就住在我家附近、令人害怕的女人，因為我真的很想要和她做朋友。但是事與願違，我覺得我根本就讓她非常失望。我們兩個人的認知差異從小地方就可以看得出來，如果我要去弄頭髮，她就願意幫我帶小孩；如果我是要去大學的圖書館，很抱歉，她沒空。

一九五八年十一月，那時艾迪大概四個月大，我帶他一起去雨林裡面參與年度的樹苗紀錄。我沒辦法把他丟在家裡，也找不到人幫我帶他。因為他的同行，所以我行李裡有一堆玩具、尿布、寶寶食品，以及其他用具；再加上我自己的相機、筆記本、捲尺、防水蛭的長褲、靴子、雨具，還有裝著研究工具的塑膠袋。我常常這樣兩頭忙。帶上的書除了有樹種圖鑑、與雨林相關的書本之外，還有《摸摸小兔子》幼兒書和《晚安月亮》等童書。

我之所以能不間斷地參加樹苗計畫，全都是因為支持我的美國同事們，還有不斷鼓勵我追求科學的父母。每過一段時間，我媽媽就會從紐約遠渡重洋來到雨林裡，陪我參加考察、幫我帶孩子。艾迪沒在吃奶或是睡覺的時候，我媽就會陪他玩，她說她剛好可以體驗雨林、體驗旅行（雖然我覺得這樣好像不是很划得來）。我相信我媽媽不是千里迢迢來看孫子的，她一定是知道我很掙扎，不想要我多年的科學訓練就這樣白費了。她曾經在雨林走道推嬰兒車時遇到一條蟒蛇，那次大概是她在雨林裡經歷過最恐怖的回憶了吧。而且，這還是她第二次遇到澳洲蛇呢。

有一年我弟弟和他太太從紐約飛到地球的這端找我，在雨林及牧場幫我照顧寶寶。我弟弟到現在還會提起艾迪三歲的時候，告訴他各種鳥類是怎麼叫的，連鳥的學名他都知道！艾迪常常跟我一起搭車，我在車上都會播放鳥叫聲的卡帶（而且一播再播），好學會辨識牠們的物種，只是沒想到艾迪記得比我還熟。我的孩子的確是在很特殊的環境下長大，在才剛學步的幼兒期，他們就已經和我一樣對科學充滿熱情。即便是跨越半個地球，我的家人還是願意來幫助我，如果不是他們，我絕對沒有辦法在工作時也兼顧到家庭。

在我愈來愈能適應在科學研究與照顧小孩間取得平衡後，也立刻學會了一心二用的能力。事實上，我曾懷疑自己是否能將頭腦一分為二，一半做科學研究，另一半用來照顧寶寶。相信許多女人都可以體會我這種心情。

參與樹苗研究時，我的工作就是不斷辨識、記錄種苗，然後每三個小時就得跑到我們野外的營地，餵寶寶、抱抱他，幫他灌一大杯水，然後再趕快跑回樣區，辨識我剛剛不在時，其他人發現的未知樹苗。就這樣一邊研究、一邊照顧寶寶。雖然很忙亂，但是我做得來。晚上艾迪就睡我床上，我餵

我忙著記錄種苗時，我弟弟愛德華背著他的姪子艾迪，探索雨林裡的美景。（攝影：貝斯・魏特白）

他喝奶陪他睡覺，這樣就不用起床去照顧他，他也不會大哭大鬧，畢竟小屋的牆壁非常非常薄。

即便我在樹苗計畫裡是相當重要的幼苗鑑定員，但我還是不免擔心那些男性同事，會因為我邊工作邊盡母職而感到不滿。現在很多職業都很尊重家長照顧家庭的權利，但是在八〇年代的澳洲，我在努力兼顧家庭與工作之餘，多少還是可以感受到別人輕視的眼光。

不到百分之十的發芽機率

種子雨下完，種子也發芽了，幼苗必須自己努力撐過少年期。子葉出現後，再長出來的就是第一對幼葉。這時候的種苗通常都是在林蔭底下，處於壓抑的狀態，慢慢地成長，累積實力，但是不會向上長得太快。一旦長到可以忍受輕度的乾枯和輕微的物理傷害的程度，就代表它們已經準備好進入前期更新的階段，這個年紀大約就像人類的青少年。

從發芽到前期更新之間，死亡率非常高。過去三十年來，在三點七公頃的澳洲雨林中有編號的六萬五千棵幼苗，只有不到六千棵的幼苗成功發芽（不到百分之十）（我們沒有記錄藤蔓，藤蔓發芽的情形一定比樹株更活躍）。然後又因為像缺水、被動物踐踏、或是淹水等物理因素，這些發芽的幼苗可能有低於百分之十的機率都熬不過新生的前幾週。只有不到百分之一的幼苗能夠繼續生存，進入前期更新的階段，然後茁壯進入次冠層、甚至是樹冠層。在我們的雨林樣區裡，大概有超過六十萬棵種子發芽，但是大部份都沒做過標記，因為在我們一年一度進行幼苗調查不在場的那十一個月間，它們就都已經死了。

此外，森林裡面的掠食者，也可以在短短的幾小時內，消滅一整代的幼苗。曾經有一隻澳洲叢塚雉[19]為了在森林地表找蠐螬吃，不到幾秒鐘的時間就把全年長出來的樹苗全踩扁了。還有一隻叢塚雄雉為了要築巢（塚），把一大

19 — 學名 *Alectura lathami*，塚雉科。

堆樹苗（連同我們的標籤）通通耙走。我們曾經在昆士蘭雷明頓國家公園裡發現一個叢塚雉塚，裡面有好幾百個樹苗標籤，全都是從好幾公尺外耙過來的。

叢塚雉的塚由很多東西組成，包括一堆泥土、樹枝、石頭，這個特殊的塚會隨著樹枝腐爛，慢慢地滲出熱氣孵化鳥蛋。公鳥不僅會負責打造塚，還會照顧鳥蛋直到孵化，是非常罕見的撫育模式。在澳洲肯負責家務的男人簡直是異類，就跟森林裡面的叢塚雉一樣稀少！

還有許多掠食者也會傷害樹苗，好比說喜歡在地面上遊蕩的有袋動物，像是鞭尾袋鼠[20]、沼澤鼠[21]，還有罕見的負鼠[22]；鳥類的話則有刺尾鶇[23]，還有針尾木鶇[24]，這種鳥很喜歡把泥土跟樹苗翻來翻去的，找蠐螬一類的「點心」吃（有好幾位身強體壯的田野助理在北昆士蘭看到針尾木鶇時都嚇得半死。據說牠是世界上最危險的鳥，還會用腿去踢其他生物呢）。

最後，樹苗終於進入前期更新的階段，但是外在極端的物理條件，還是有可能造成樹苗的死亡，譬如說過長的乾旱期、草食性動物的侵襲、或是落石意外壓斷主莖等。

等待成長的契機

在森林樂透的最後階段，地表上發育的樹苗需要更多空間或引進陽光的縫隙，才能持續成長。耐陰樹種可以在林蔭底下存活好幾十年，但是要長成大樹，陽光是關鍵。不耐陰樹種如果一開始就沒有陽光，就連發芽都沾不上邊。

雨林就像是由縫隙拼湊起來的拼布，不論是大規模的樹木倒塌、一根樹枝斷掉、甚至連一小片葉子掉落出現的空隙，都會對森林地表的光度造成很大的影響。這些縫隙會大幅改變森林地表的生長條件，進而提升物種的多樣性。

20 — 學名 *Macropus parryi*，袋鼠科。
21 — 學名 *Rattus fuscipes*，鼠科。
22 — 學名 *pogonomys mollipilosus*，鼠科。
23 — 學名 *Orthonyx temminckii*，木鶇科。
24 — 學名 *Casuarius casurius*，鶴鴕科。

在我們超過三十五年的樹苗紀錄中，繪製森林的縫隙，能幫助我們更深入理解樹苗的生長變化。對照處在縫隙底下和沒有縫隙的樹苗，紀錄很清楚地告訴我們，如果樹苗想要在短時間內向上成長，得仰賴隨機的物理條件改變後所形成的縫隙。在沒有縫隙的情況下，有些樹苗能處在壓抑的狀態，維持數十年緩慢的生長速度，默默等待有朝一日可能出現的光線。我們樣區裡有些樹苗已經進入前期更新的狀態，但即便已經過了三十年了，它們還是只有五吋高。樹苗在林蔭底下的壓抑狀態有辦法維持多久呢？希望未來我們有辦法回答這個問題。

我們手邊這份種苗發芽、成長和死亡的記錄長達三十五年。這些資料又有什麼用呢？之後我們會將之輸入電腦中，以評估其模式或混亂狀態。但是光靠偶然的觀察記錄，就要從上百種樹種中預測未來生長的模式，簡直難如登天。有些樹種有成樹的紀錄，但是卻沒有少年期的資料；譬如說加勒比海紅木[25]和 Scrub turpentine[26]的樹苗，除了名字很難唸以外，在地表上也非常難遇到。有些樹的成樹及小樹很多，但卻沒看見任何幼苗，好比說瘡瘡木[27]。有些樹種則是非常罕見，幾乎每個齡級的樣本都沒有，像是brown beech[28]、twin-leaf tuckeroo[29]。這些樹種的未來會怎樣呢？剩下來的母樹會突然就生產種子嗎？這些樹種會不會在我們有生之年，就在這一帶絕種了呢？那些常見的樹種（檫樹、步庸木）會不會有變少的一天呢？這些常見和罕見的物種以及它們紛繁的生長和死亡模式，建構了這個雨林樹冠層的未來；還需要多年的持續觀察，才能夠透析更多數據背後的祕密。

我們每年都會進行樹苗考察，每五年檢查一次成樹，經過數十年的資料收集後，我們現在已經可以預測不同樹種的結實物候，但若想要完全量化這個複雜的森林樂透，可能要花上好幾個世紀吧。

25 — 學名 *Pseudoweinmannia lachnocarpa*，火把樹科。
26 — 學名 *Rhodamnia rubescens*，桃金孃科。
27 — 學名 *Premna lignum vitae*，馬鞭草科。
28 — 學名 *Pennantia cunninghamii*，茶茱萸科。
29 — 學名 *Rhysotoehia bifoliolata*，無患子科。

雖然在收集了三十五年的資料後，我們還是沒辦法回答所有的問題，但是我們終於開始了解不同的機制是如何影響樹冠層的變化，這其中包括了種子的大小和散佈的方式、物候、掠食者和病原體帶來的影響、還有機運。我們現在知道只有五吋高的樹苗，可能已經在森林裡待了三十年，這種認知無非改變了我們對雨林保育的觀點。

在此同時，我也經歷了男孩們的嬰兒期和幼年期。樹苗和孩子都為我帶來了挑戰和快樂，更加豐富了我的人生。

・第六章

通往天堂的高速公路

每當我看見樺樹左搖右擺，
交織在那些更直、更黑的樹幹之間時，
我便想像有個男孩正在上頭擺盪……
男孩離城鎮太遠、沒學過打棒球，
他唯一知道的遊戲是自己發明的，
不管夏日或寒冬都能獨自一個人玩。
他一棵又一棵地征服了父親所有的樹，
在上頭一次又一次地把樹全都給盪彎……
我也曾經是個盪樹的孩子，作夢都想回到以前那樣子……
我想要暫時離開這片土地，然後再回來好好地過日子……
就讓我爬上樺樹，踩著黑枝椏、爬上白樹幹，
直達天際、直到樹木再也承受不住，於是垂下頂端再度把我放到地面上。
這樣上下來回是很好的，
我們所做的，有可能比擺盪樺樹者更糟。

——羅伯・佛羅斯特，《樺樹》，一九一六年

我們在童年的時，就已經學會愛惜樹木。我們爬樹、在樹枝間建造堡壘，躺在樹下的草地上，看著枝椏在風中擺盪，好羨慕猴子和小鳥的敏捷；也在腐朽的樹幹上，發現迷人的小動物。或許最奇怪的是，我們總是站在地面，以極其狹隘的眼光讚嘆樹木之美。我們抬頭仰望，努力想要看清那交織的樹椏和葉片，猜想著那些我們觸碰不到的隙縫中，究竟都住了什麼樣的生物。

後來我離開澳洲，回到威廉斯學院擔任生物學教授時，我想要和這些充滿熱情的學生，分享樹冠層的精彩和美妙，因此我打造了一個研究用的「樹屋」，這是讓學生體驗在樹冠層研究的絕妙經驗的極佳方式。

獲教職而重返家園

飛越大平洋的旅程好像永無止境，尤其是身邊還帶了兩個小孩的時候。前幾年我也有過這樣的飛行經驗，不過那時候孩子們還只是襁褓中的嬰兒，看來帶著已經學會走路的小孩子是比較「輕鬆」的。

艾迪已經五歲，詹姆士則是三歲。半夜時我幾乎不能睡，我得帶他們輪流上廁所，給他們果汁、水、還有餅乾，手邊蘇斯博士的書也一讀再讀。我一邊計算十四小時的旅程還剩下多少時間才會結束，一邊打開我用漂亮包裝紙準備的各種小禮物，就是為了讓孩子們不要鬧脾氣，轉移他們的注意力。

早上九點鐘，我們抵達洛杉磯，通往海關處有許多走道都在整修，這一條又一條的漫長步道，對新移民來說一定非常沉悶。到了海關，眼前又是超長的排隊隊伍，彎彎曲曲像樹枝狀的河流一樣，佔滿偌大的海關區。但是能重新站在美國的土地上，還是讓我如釋重負，再怎麼樣心情都還是很好。輪到我過海關時，年輕的海關人員看著我說：「歡迎回家」，我兩行淚馬上流下來。不穩定的情緒再加上這趟旅程的艱鉅，讓我終於潰堤。那時我才發現，幾個月來不管是精神上還是實質上的準備，真的都讓我累壞了。

過去的三十個六小時內，我和孩子們一路從牧羊場到雪梨、飛越太平洋、橫跨美國領土，這對一個健康的成人來說已經很辛苦了，更何況是一個帶著兩個孩子的母親。

歷經多次的情緒波動後，安德魯和我決定暫時分開，讓我可以認真地鑽研科學，看看我是否真想在科學界工作，又或者追求科學只是個未完成的夢？

我永遠記得一九八九年五月的那一天。我接到威廉斯學院生物學系打來的電話，邀請我到系上擔任六個月的客座教授。我暗地裡喜極而泣。雖然收到邀請讓我很自豪，但一回神便想到我夫家的人可能會因此感到不滿或是為難我，內心就開始糾結。我也永遠忘不了我丈夫在他媽媽面前，粗聲粗氣地說我可以接受邀請，好讓我以後能對這種「學術的東西」徹底死心。

即使我的工作被看輕，但是我先生不情願地讓我接受挑戰，還是讓我樂透了。我婆婆警告我，她說一個稱職的太太絕對不會把先生一個人丟在家，看來我和婆婆對於何謂一段「美滿」的婚姻見解迥異，這也令我非常難過。我相信她很努力想要幫助我成為一位好太太，但是我就是沒辦法做個傳統的女人，我必須永遠忠於自己。我也希望這六個月的暫別，可以讓我們更珍惜彼此，更尊重彼此不同的價值觀（至於那些在我們出發前打包行李、努力讓家看起來還算正常的痛苦細節，就永遠私藏在我的日記裡了）。

我和孩子過了洛杉磯的海關之後，還得再忍受四個小時，才能搭上國內線的班機。經過漫長刻苦的學術訓練後，我很高興自己終於可以學以致用，但是接受這工作還是有幾個缺點：我現在是個單親媽媽；我有一半以上家當都留在地球的另一邊；那時我連租的房子長什麼樣子都還不知道；我帶著兩個孩子來到他們完全陌生的環境，就連當地的語言也令他們難以理解；而且我的薪水少到都可以領政府發的糧票了。但是這些瑣事跟我們拋諸腦後的事物比起來，根本無關緊要。我們安全到達美國了，對我們來說，這裡就是我們的「希望之地」。

結束飛越太平洋的漫長旅程後，孩子們有好幾天作息都顛倒，他們會在大半夜醒來，在白天睡覺，但他們的生理時鐘還是慢慢調回來了。一九九〇年十月，我們抵達新英格蘭地區的麻省時，正是秋老虎發威的一週，我擔心孩子們會想爸爸，但是他們忙著認識這個新環境，忙著感受陌生的風景、陌生的味道和聲音。艾迪總是很樂觀，他笑著告訴我，現在我們家總共有六個人，也就是我、艾迪、詹姆士、外公外婆，還有他的舅舅愛德華（這次他終於有辦法好好認識後面這三個人了）。

在破屋展開新生活

我們事先都還沒看過屋子，就已經在學校附近跟一位即將休假的教授租了間房子。感覺這是最實際的作法，畢竟我沒有太多時間找房子，他的地方又附有家具等設備。房租比我的薪水還高，所以我根本沒想到那會是一間破破爛爛的屋子。但是在這個小鎮裡，一個兼職的教授也沒有太多選擇（那時候我天真到不知道原來薪水是可以商議的）。這房子也算是房產經紀人的夢想吧，就是「裝潢可以有很大發揮空間」的那種。有一扇外門永遠關不起來，所有的窗戶都沒有紗窗或是防風設計，只有幾片塑膠板遮蔽。一想到麻省的冬天有多冷，我瞬間怒火中燒。

屋主所謂的「裝潢」跟我們想像的差了十萬八千里。每間房裡都有張床，但那不過就是張底下墊了幾塊磚頭的床墊。更糟的是，每個角落都是厚厚的灰塵，害得我的兒子們噴嚏連連。我的父母很好心，花了三天幫我又擦又洗，還幫我吸地，但也只是讓厚重的灰塵看起來輕盈一點而已。還有更慘的，廚房裡每個餐具都好像殘留了前面好幾餐的痕跡（我後來聽說教授的太太是辦外燴的，用的就是這些餐具，真是太誇張了）。除了昂貴的房租還有額外的暖氣費用以外，我還買了盤子、棉被，以及一些家具，好讓我的兒子們在這個新世界可以感到舒服點。

艾迪跟詹姆士生來就很活潑愛玩，他們竟然都超愛這個又冷又恐怖又亂七八糟的家。外婆對他們很好，給他們一人買了一台三輪車。因為家裡的走廊和客廳沒擺什麼家具或地毯，根本就成了他們兄弟倆的賽車天堂。很快地家裡就多了一堆二手玩具，平常會放到收納籃裡，如果全部堆疊起來，他們的房間就好像多了七彩的偽家具一樣。有好幾個晚上我得和阻塞的馬桶纏鬥，電路有時候也會出問題，但我們還是熬過來了。

教授和學者似乎是很特別的一群人。他們或許是世界上最聰明、最有天分的人，身負教化下一代的重任，還要為未來不斷創造嶄新的想法。但是在另一方面，他們的生活很不實際，遭遇意外狀況的機率比別人還要高上許多，得忍受不穩定的婚姻或是伴侶關係，生活條件有待加強，還總是會用很奇特的方式修補東西，像是用膠帶把壞掉的冰箱門黏起來一類的，而且習慣在圖書館和自助洗衣房之間來回奔波（即便是有錢買洗衣機的人，還是會過著學生時期那種刻苦的生活）。搞不好哪天我會寫一本關於學術人士怎麼生活的書，應該會很精采。

身為學術界的一員，對自己同樣具有上述那些古怪的行為，也感到很內疚。但是身為一個母親，我希望可以提升生活水準，因為我的孩子可是會有樣學樣的。

詹姆士成為小英雄

作為一個即將進入職場的單親媽媽，我的第一個任務就是替詹姆士找托兒所。初來乍到這個小鎮，這項任務對我來說可不容易，因為我並不清楚附近托兒所的評價，而且還有一堆人在爭名額。鎮上最受歡迎的托兒所就是大學日間托兒所，但是排隊的名單落落長，我只好先幫詹姆士報名，再繼續找其他替代方案。

我發現一間教會辦的托育中心，早上七點就開門了，有的家庭沒錢或是沒時間替孩子準備早餐，他們還會提供餐點，讓孩子每天在一早就充滿營養。而且這家托育中心離我們家才兩條街而已。中心的地板是鋪了消毒過的亞麻油地毯，遊樂場是水泥地，種樹的地方看出去還是條大馬路，但是這個中心馬上就可以接收詹姆士，所以我暫時讓詹姆士待在這，同時也繼續尋找更合適的托兒所。

至於艾迪呢，已經要上小學一年級了。他在澳洲已經上過幼稚園和幾個月的小學，閱讀能力大概是小學四年級的程度。在澳洲的時候，我故意讓艾迪提早入學，這樣他就不會待在家感受到緊張的氣氛。看來，艾迪應該可以去上威廉斯鎮小學的一年級。雖然澳洲人不反對送五歲的孩子去上學，但美國人（尤其是在大學城裡的人）好像喜歡讓孩子愈晚入學愈好，入學年紀大概是六歲，甚至是七歲（或許也是考量到競爭力，年紀大一點的小孩表現本來就會比較好）。艾迪那時五歲，比他的同學都還要小很多，跟他的新老師討論過後，我決定讓他再讀一次幼稚園，和自己同年齡的小孩玩在一起。他花了一年的時間適應新文化，學習人際相處，不用讀書不寫功課，這一年對他來說是非常正向的經驗。

艾迪開始上學後的第一個月，常常回到家了卻還沒吃午餐，我問他為什麼，他說班上同學一直要他唸單字不然就是唸句子，因為大家都好喜歡聽他的澳洲口音。開學一週後，我們買了南瓜來刻，這對兩個澳洲男孩來說非常新鮮，因為他們從來沒過過萬聖節，都只有聽我說過故事而已。我成了我們住家那一區最會刻南瓜的人，我們刻了一堆東西，有花貓臉、妖精、巫婆，還有太陽的臉。我發現身為單親媽媽，我努力給孩子百分之兩百的愛，可能是因為下意識地想要補償他們身邊沒有爸爸的缺憾。不過這兩個男孩並不覺得空虛，他們在充滿愛和付出的環境下長大，最重要的是，這個家裡頭沒有爭吵。

這兩個小傢伙面對巨大的文化差異，很快就調整過來了。我們第一次到學校遊樂場遊玩的那天，不出幾分鐘詹姆士就哭著跑過來，他被眼前的遊樂設施嚇到了，有木製迷宮、溜滑梯，還有各種挑戰。他長那麼大還沒有看過那麼複雜、那麼大的玩具。但是不到一個月的時間他就玩開了，也不會再害怕，與遊樂設施初見面時流的眼淚，似乎只是段小小插曲。他和艾迪兩個人吃好睡好，學會跳到枯葉堆裡、一起踢足球，他們還愈來愈喜歡吃披薩、美味的冰淇淋、口味百變的早餐麥片、新鮮現煮的玉米，還有南瓜派，這些都是他們來到美國後才認識的新東西。我們住在牧場的最後一年，艾迪不知道為什麼出現眼瞼抽蓄的症狀，但現在這種在緊張時才會出現的毛病也消失了。

1 —— 學名 *Solanum dulcamara*，茄科。

很幸運地，大學托兒所竟然有多的名額，所以詹姆士就入學了。才到美國不久，詹姆士的老師就稱他為托兒所所長，小孩子都好聽他的話，連大人也是，不過他是用那種很善良、很溫和的方式。我永遠忘不了有一天接到托兒所老師的電話，他很緊張地問我說詹姆士認不認得一種叫歐白英[1]的植物。我告訴他詹姆士懂，於是托兒所馬上把另外一個孩子送到醫院緊急洗胃。原來那個孩子在托兒所籬笆附近摘了一種有毒的茄子吃下肚。托兒所的老師不認識那種植物，但是詹姆士警告他們那種植物有毒，於是詹姆士成了當地的小英雄。

因為家裡灰塵太多，艾迪過敏流鼻水的症狀變得更嚴重了，所以我帶他到小兒科做徹底的檢查。醫生用一種我們在澳洲從沒看過的數位精密儀器，很快就檢驗出結果。醫生診斷說艾迪因為耳朵積水的關係，聽力下降了百分之三十五，可憐的小傢伙！這也讓我回想到以前，我先生會因為他說話艾迪不回應就處罰他，現在想想我終於明白，或許艾迪沒反應，是因為真的沒聽見，而不是因為要挑戰他父親的權威。

我們偶爾會和孩子的父親通電話，因為時差的關係，所以幾乎都是在半夜，而且安德魯白天幾乎都在外頭忙著照顧牲畜。每每通電話，艾迪和詹姆士都會很興奮地告訴爸爸很多事，他們的新學校、新朋友、新玩具，還有在麻省的種種冒險。每當我問他們的爸爸要不要來找我們，跟我們一起生活看看，他總是會說，他對美國一點興趣都沒有，他不想看到我，也不想到威廉斯鎮。或許我是自己騙自己吧，我還以為這次分開只是暫時的。或許我們兩人之間的文化差異，遠遠大過於婚姻的約束力。

名作家激發寫作夢

當上教授後，我的第一個任務就是指導一個寒修班[2]，教什麼主題都可以。我讓學生研究雨林保育所延伸的問題，包括熱帶雨林管理在社會、經濟、政治

2 — Winter Study，是威廉斯學院4－1－4學制的其中一學期。第一個4是指八月底到聖誕節前的十二月中旬的秋季學期，第二個4是指二月初到五月底的春季學期，1就是一月初到二月初短短一個月的冬季學期。

上的分歧論點。我的課幾乎都在我家客廳進行的，以便給學生一個便於討論的空間。隔年，我教了一門田野生物學課，課程還包括到佛羅里達州參觀海岸生態系統跟森林吊床的生態系統。能夠到有別於麻省天氣的地方走走，學生們都很開心！

學生時代，寒修大概是我的最愛，整學期只要專注在一個主題上，小班制也可讓教授照顧到每一位學生，更難得的是還可以進行田野調查。我還在澳洲時，就已經教過威廉斯學院寒修班的學生，那時我的課程名稱是「澳洲的生態系統」。十五位學生從美國飛到澳洲，分別在雨林、珊瑚礁群以及內陸各考察一個禮拜，那次的學習對他們來說是非常難能可貴的田野經驗，對我來說則是專心教導田野生物學的一個機會。對我的孩子們而言，那次的經驗也非常特殊，因為他們被十五位大哥哥大姊姊「領養」，還跟著他們一起造訪珊瑚礁群和雨林。雖然參與田野工作時帶上我的孩子，我總是得額外花上很多心力準備，但是大自然裡的千萬種奇遇，也因此豐富了詹姆士和艾迪的童年。

在威廉斯學院擔任教授時，工作量很大，但是回饋也很多，學生總是有很艱深的提問，而且主動要求延長討論時間，有時候甚至會直接打電話到我家。不過，我很享受這種激勵，能夠回到學術圈也讓我非常興奮。很難想像，幾個月前我還在澳洲牧場裡，想像著能過這種生活。我的夢想沒有讓我失望，這裡的生活和想像中一樣精彩。

在威廉斯鎮生活的第一個月，最特別的就是和兩位知名作家見面。一九九〇年十二月四號，我受邀到哈佛大學，為以愛德華・奧斯本・威爾森[3]為首的生物多樣性研究小組，發表我對澳洲樹冠的研究。威爾森是以研究生物多樣性而世界聞名的專家，能和如此有聲望的生物學家見面、說話，是我莫大的榮幸。他的寫作習慣也帶給我很多啟發，他的學生說，每個星期一早上，他都會帶著好幾頁寫得密密麻麻的活頁紙，讓祕書替他重新謄寫過。

另外一位知名的作家就是吉兒・凱爾・康威[4]，那時她才剛完成了極暢銷的

3 — E.O.Wilson，美國知名的昆蟲學家和生物學家，亦是全球公認的現代螞蟻學泰斗，人稱螞蟻先生。
4 — Jill Ker Conway，出生於澳洲，美國哈佛大學博士，史密斯學院第一位女校長。

回憶錄《庫倫來時路》。她在書裡鉅細靡遺地描述了她在澳洲牧羊場成長的過程。其實庫倫離我們的牧場紅寶石山莊不遠，而且我在澳洲的一些經驗和她二十年前經歷過得非常類似。她探討了澳洲的性別議題，還有作為一個女性學者，如何為了追求思想自由終於「逃」到美國（離開澳洲後，她成了史密斯學院的校長）。衝動之下，我提筆寫信感謝她，說她的書對我而言有多重要，更影響了我在澳洲鄉間的許多女性友人，我也是因為受到此書的啟發，才決定接受威廉斯學院客座教授的邀請。她馬上就回我信，建議我離婚，再也不要回到那塊土地。她甚至還給我她在麻省阿默斯特的女律師的名字。我被她堅定的信念所震懾，也很感謝她如此同理我的處境。

埋首在威爾森對自然歷史的深刻描繪和吉爾對澳洲萬物的鮮明描寫間，我也開始考慮自己著手寫書。

我在學校教的是環境研究導論（有超過一百位學生）和高等植物生態學（這是實驗課，大概有二十位主修生物學的學生）。在學校教書時也有些特別的回憶，像是某個一年級生選了一本《如何在森林裡大便》作為環境研究的文獻報告；也有些政治問題，好比說一些女學生控告教授性騷擾。然而，在這個小小的學術圈裡總是充滿想法、創意和計畫，這和生活跟在澳洲內陸完全南轅北轍，而那生活也已經遠在天邊。

當我回顧努力在母職和科學間掙扎的那幾年時，發現了一個最大的缺憾：我留給自己的時間太少了。孩子逐漸茁壯，事業也漸入佳境，但是我的私生活卻一片空白，也沒有培養其他興趣，但是多年後，我對這個遺憾也漸漸釋懷了。

時值二月，我先生要求我和學院解約，三月就立刻回到澳洲。他在電話那頭說：「你夠了喔。」對我來說，要下決定很簡單。我和孩子們在新環境很開心，我也覺得自己有義務要教完成這學期，我執意要完成我的任期，遠在澳洲的那一端卻無法認同。

為了紀念這個艱難的決定，順便撫平在電話中爭吵的創傷，我計畫了一個短期旅行。就像很多新英格蘭地區的居民一樣，到了二月下旬就會覺得該出門走走。感覺佛羅里達州是很不錯的選擇，除了暖和以外，還可以帶孩子們看看海岸生態系。

兩個男孩簡直愛死了薩尼貝爾島上丁達林野生動物保護區裡的短吻鱷和玫瑰琵鷺、螺旋沼澤的鸛鳥群棲息地，還有在科帕奇島附近悠游的海牛。麻省的大學城生活確實很精彩，但是什麼也比不上在寒冬時拜訪溫暖的佛羅里達。

回到威廉斯學院後，我想帶選修高等生態學的學生到野外考察。找了一些資料後發現，麻省大學在南塔克特島有個野外觀測站，四周環繞著有趣的海岸以及島嶼生態系。為了能讓我順利成行，一位老朋友自願在這次考察中，擔任艾迪跟詹姆士的保母。於是到了四月的春天，我們在一個冷冽的週末搭乘郵輪橫渡南塔克特灣，廣闊大海的景色和氣味，無不讓人通體舒暢。

麻州的鱈魚角是萊姆病的疫情中心之一，這種壁蝨帶原的傳染病會讓人體力不支、疲累，長期不適。我想帶著一群年輕人來到這裡，我的壓力一定很大，還有壁蝨的問題，也讓我擔心不已，因為第二天晚上我滿腦子都想著壁蝨，在半夜醒了過來。我拿著手電筒下床，到詹姆士的床邊看他，他看起來睡得很熟，但不知道為什麼，我突然伸手摸他的右耳後面，結果發現一隻正在吸血的壁蝨。這是母親的直覺還是純粹運氣好呢？我永遠也想不透，為什麼我的第六感會突然告訴我那裡有隻壁蝨？不過我的學生聽了之後，都更小心了。不管有沒有壁蝨，那次我們在南塔克特島上探索生態系，玩得非常開心。

聯手打造天梯

在我擔任大學教授期間，用單索技術進入樹冠層這件事開始讓我產生無力感。我還是研究生的時候，單索技術很適合我，因為便宜又攜帶方便。但如今我已是老師，我沒辦法僅靠一條繩索和我的學生分享樹冠經驗，因為單索的裝備一次只能一個人使用。我教學生爬樹，也買了一些裝備研究生態，但是繩索依然大大侷限了課堂的活動。

一九八〇年代，那時樹冠研究才剛起步，進入樹冠層幾乎只能一個人獨力完成，不論是單索技術、梯子或觀測塔都是如此。雖然有幾種方法還在研發中，但根本沒有工具可以讓一群科學家同時在樹冠裡做研究。唯一比較可行的做法，只有法國研創的飛船——熱氣球（詳見第七章）和工程用的起重機（詳見第八章）。很顯然地，那種可以讓好幾個科學家一起工作的設備，肯定比只能一個人使用的繩索造價要貴多了。

就像天上掉下來的禮物。有一天我收到一封阿默斯特附近一位樹藝師[5]寫的信。他不僅對工程非常在行、有在樹冠工作的經驗，也對熱帶雨林的保育充滿使命感。他詢問我是否願意與他合作。我的腦袋開始蹦出一堆可能性：樹屋、樹橋、觀樹平台，還有研究用的攀樹裝置。這個我素未謀面的人，有可能和我討論那些天馬行空的想法嗎？

他願意。我們約在一九九一年一月三十號早上九點見面，那一天我的發想「通往天堂的高速公路」正式誕生。

巴特・波席爾斯和我花了好幾月絞盡腦汁，一起設計霍普金森林的樹冠步道，霍普金森林是威廉斯學院在麻省西北部的研究林。當地一個關心環境議題的基金會給了我們一筆兩千五百美金的補助，這樣的預算包含了打造兩個有溝通橋連接的平台，一個連接地面高達七十五呎的梯子，還有採買學生穿戴的安全裝備（我們兩個的苦力則是無償）。雖然打造步道的花費還不及一台顯微鏡，但事後證明這步道是促進科學發展的超棒投資。

步道是非常安全且固定的樹冠研究設計，也促進了更多長期的合作研究，這些都是繩索辦不到的。我們也替平台和溝通橋設計了一套模組化系統，並個別定價，以利我們在其他森林，打造其他同樣的步道。和樹藝師工作著實讓我大開眼界，每天都可以學到新的詞彙：眼螺栓、眼環索、航空鋼纜、鍍鋅鋼管、綑綁鐵絲、U型螺栓、吊索鉤等等，巴特用這些材料打造出一個堅固、耐久又安全的樹冠步道。

我們的工程在一九九一年五月竣工，那時天氣還很冷，因為雪季還沒結束，我的手指頭沒有一刻是暖活的。巴特負責主要的建造工作，我則是在地面負責支援。我們在森林裡面忙了好幾個週末，利用工作以外的閒暇時間打造步

5 — 負責栽植、研究與經營管理特定植物，可說是樹醫生。

道。由於這是我們第一個作品，所以所有的測量都講求精準，並隨時注意控制成本。巴特也變成當地五金材料行的常客，因為他總是花很多時間細心挑選各式零件和材料。

我們很講究，成果也非常棒，在四星期內完成了中間有座二十五呎長的溝通橋的兩個平台。我們在森林裡舉辦了「受洗儀式」。樹冠學家兼攝影師馬克・莫菲特也從哈佛大學過來，在樹幹上碎開一瓶香檳，幫梯子剪綵，對著來參加的生物學教授和學生發表簡短的演講。我們都很高興可以用新的方法進入樹冠層，每個人也對能更向上探索這個我們習以為常的溫帶森林，感到躍躍欲試。

樹冠研究更上層樓

多虧了這一季學生優秀的研究成果，讓步道的架構能與樹屋相比擬。修習高等生態課的學生們幾乎都對樹冠充滿熱情，那個夏天有好幾個學生自己設計專題，在我們的「綠色實驗室」裡進行各種研究。在這片離地七十五呎高的平台上，他們研究樹葉的成長、樹冠物候、小型哺乳類動物群、昆蟲的種類、樹木的生長，甚至研究酸雨。

其中一個專題更讓威廉斯學院的樹冠步道，在樹冠研究界受到矚目。彼德・泰勒和亞歷珊卓・史密斯一起合作誘捕樹冠層裡的小型哺乳類動物。彼德研讀過傑・馬爾柯姆的研究，後者在巴西熱帶樹冠裡設計了可以追蹤小型哺乳類的特殊裝置，利用一套滑輪系統，將一個三層式的陷阱固定在樹冠上，這樣重複採樣就不需爬上爬下了。彼德決心要在溫帶林中將此裝置如法炮製，跟我借了車到鎮上的五金材料行買了木材、釘子，還有其他材料。經過了好幾天又鋸又釘的，他打造了四個世界上可活捉哺乳類動物的最新陷阱。

6 — 學名 *Peromyscus maniculatus*、*Peromyscus Leucopus*，松鼠科。
7 — 學名 *Glaucomys volans*，松鼠科。
8 — 學名 *Lymantria dispar*，毒蛾科。

這些陷阱非常有效，學生不僅成功捕獲白足鼠[6]，還有鼩鼠，而且還不是普通的北美鼩鼠，而是灰色的南方鼩鼠[7]。在這之前，麻省北部都沒有這種鼩鼠的紀錄，而且這一帶鼩鼠的資料也不齊全。我們最大的發現，是鼩鼠會吃舞毒蛾[8]。難道學生發現的是新英格蘭舞毒蛾的新掠食者嗎？因為這想法太振奮人心了，彼德決定利用他在大四時進行的專題研究，繼續找出答案。

又過了一季的採樣，彼德發現學院研究林裡橡樹楓樹混合林的樹冠層，有相當多的鼩鼠。而且舞毒蛾蟲蛹在樹冠層被捕食的數量，比地面還要高上許多。如果一個區域的舞毒蛾數量偏高，就會成為鼩鼠主要的捕食對象，這似乎是在平衡這種森林大害蟲的數量。

雖然過去政府花了上百萬研究舞毒蛾，但從來沒有人想過要捕捉小型哺乳類，或是在離地六呎的高度，針對舞毒蛾的蟲蛹做實驗。彼德是第一人，他是第一個在新英格蘭樹林的上層樹冠裡，進行哺乳類採樣的人，後來他也在這個大家看似熟悉的森林棲地，有了突破性的發現。這就是田野生態學給我們上的一課：或許我們以為對自家後院（像是這次的溫帶林）瞭若指掌，但可能卻對頭頂上的生命一無所知。

這個學期非常精彩，我也有幾次難得的機會，可以向學生介紹許多知名的科學家。因為我不是像之前那樣，大老遠回來只待一個星期，所以好幾位以前的美國同事都到麻省來看我。但是他們最主要的秘密任務，其實是要說服我不要再回到澳洲鄉下，他們覺得那地方和我想要追求科學的理想太不搭軋了。

姑且先不管他們來訪的目的是什麼，能讓他們和我的學生見面交流感覺真的很棒。來訪的學者有草食性動物和植物壓力的專家帕特里斯・莫羅；知名的葉子化學家、同時也是舞毒蛾專家的傑克・舒茲；毛蟲腸道生理專家海蒂・佩爾；我的毒蛇導師兼枯梢病好夥伴哈爾・西德沃；昆蟲學家兼《國家地理雜誌》專任攝影師馬克・莫菲特，還有提倡環保事務的白宮官員大衛・卡丁漢。幾位我以前在威廉斯的同學，也來到課堂上參與討論：環境保育局的約翰・寇、專攻環境法的詹・古德曼，還有專研作物害蟲的唐納・韋伯。除了我的學生以外，我的兒子們也很高興家裡來了一堆客人，和他們一起分享對昆蟲還有其他奇怪生物的喜愛。

溫帶林的季節變化和常綠的澳洲雨林形成了鮮明的對比，經過四十多年，我終於扭轉我的溫帶本位主義了。在澳洲的那十二年讓我深信，比起落葉森林，常綠的樹冠才是常態。但是麻省簡單的季節轉變規律讓人鬆了一口氣，樹葉只能活到十月，所以食植行為和樹葉生長的紀錄不到一年就可以完成。在這裡我們可以每年都做比較，不需要像在雨林時還得考慮葉齡。更棒的是，草食性昆蟲的數量一到冬天就會歸零，等到夏季時再暴增。雖然熱帶樹冠層裡的無脊椎動物種類較多，但是七月橡樹林激增的毛蟲數量同樣令人驚嘆。溫帶林昆蟲的數量是有明顯波動的，牠們的活動量集中於一段短時間內的高峰期；熱帶的昆蟲則整年都相當活耀，但在長葉時期也較看不出變化。

我的一個學生艾文・普萊斯勒，研究溫帶林樹冠和地表的昆蟲多樣性以及數量。就如同先前小型哺乳類的研究一樣，也還沒人利用現代的方法進入溫帶樹冠層再加以研究。史密森尼學會[9]的昆蟲學家泰瑞・歐文在研究中曾指出，熱帶樹冠的昆蟲較具多樣性，但是艾文卻發現就溫帶林而言，靠近地面的昆蟲數量比樹冠層還多。或許溫帶林底層的物理環境較無害，對生物的生存較有利；而樹冠層風大、生存條件反而緊迫。相較之下，熱帶雨林的底層非常陰暗，導致生物種類不多；而樹冠層因為陽光充足、生產力較高，也因此吸引許多生物。

我們需要更多像這樣的比較研究，才可以更了解不同森林裡的哪些層次可培育出最多樣的生命。

持續擴增中的樹冠步道網絡

木已成舟。我在澳洲的朋友告訴我，我的婆婆已經替我先生找了個新太太，代替我在安德魯生活裡的位置，她顯然具備我所欠缺的特質，家庭對她來說是首務，沒什麼追求工作的渴望。另外，電話那一頭不悅的口氣也讓我明

9　美國一系列博物館和研究機構的集合組織。

白，我不應該再回到牧場了。

真正讓我下定決心的，是威廉斯延長我的任期，全薪續聘我一年。我負責環境研究和生物學，這簡直是美夢成真。不到幾天我就做出了決定。孩子們在這裡很開心，我的生活也充滿挑戰，安德魯也找到一位可以跟他爸媽處得更好的妻子，所以我們兩個都不需要再備感壓力了。

這樣的狀態並不完美——我寧願孩子們有爸爸，我有伴侶，我相信安德魯也很想念他的孩子，但是就目前的情況來看，沒有什麼辦法能盡如眾人所願。我很想念牧場上那個舒適的家，在那裡，有人會幫我開支票、修理爆胎，但是我也非常渴望遵從自己那份對科學的熱情。或許再分開一年，我們都會更懂得珍惜對方；也可能我太天真了，一年的時間只會讓我們的文化和情感價值觀更背道而馳。

樹冠步道成了北美非常受歡迎的教學和研究工具。巴特和我後來也在許多溫帶地區打造步道：麻省阿默斯特的漢普郡學院，用來研究候鳥；紐約米爾布魯克的密爾布魯克中學，讓學生研究樹冠；北卡羅萊納州科威塔生態保育區，喬治亞大學的生態所在那裡研究食植行為；還有在佛羅里達薩拉索塔的賽爾比植物園，是大眾教育而建。我們已掌握模組化設計的概念，而且建材可耐受長達十年的風吹雨淋。我們也把建造步道的觸角延伸到熱帶雨林，在貝里斯、婆羅洲、厄瓜多都有步道，墨西哥和哥斯大黎加等處也都在計畫中。

一九九六年，我飛到西薩摩亞的薩瓦伊島，協助一個偏遠鄉村打造樹冠步道。在民族植物學家保羅•考克斯的帶領下，村民們計畫建造一個可以結合生態旅遊的步道，希望可以藉此吸引遊客，以營收籌措建造當地新學校的資金（這是政府授權的建案），這樣就不必靠販售伐木賺錢。這些村民十分非常注重雨林的生態，希望後代的子孫也能夠擁有健全的雨林。看到有人如此盡職地保護生態，也讓我們對南太平洋島嶼雨林的未來充滿信心。

我們的步道網絡每年都在擴增中。從澳洲、薩摩亞、北美、中美洲、南美洲都能進行比較研究，甚至連非洲的烏干達都有個步道點，只可惜我還沒有機會造訪。我希望未來十年後的學生，可以更進一步針對樹冠生態做比較研究；這些平台和步道，就是能協助他們更安全、更容易進入樹冠層的工具。

第七章

乘熱氣球飛上世界屋頂

但對一個充滿好奇心和仰慕之情的博物學家來說，那一切全都遙不可及。得一直追溯到穹頂之上、那陽光直接照射的地方，才看得見百花齊放。低於一百呎以下的樹木，根本看不見任何花朵。唯有乘坐熱氣球，飄過宛如波浪起伏的花海上，森林最美的景色方能盡收眼底。但這樣的奢侈，或許未來的旅人才得以享受。

——阿爾弗雷德．羅素．華勒斯，《亞馬遜河流域游記》，一八四八年

身為田野生物學家，我的生活多少帶有點童話色彩。一位我帶過的守望地球組織的志工曾經寄一張卡片給我，上面有這麼一句話：「不管你怎麼想，但我的生活真的就是這樣！」如果你的工作和一般人不一樣，你肯定會對這句話產生共鳴，我就很感同身受。身邊的朋友聽到我的工作經驗無不嘖嘖稱奇，有時候連我自己都覺得不可思議。

一九九一年我參與了赤道非洲的「樹冠筏計畫（Radeau des Cimes）」，如此難能可貴的經驗不真實到連我都覺置身夢境。我童年的夢想成真，就像綠野仙蹤裡的桃樂絲一樣遨遊天際。

十二天喀麥隆之旅的行前準備

當初我和孩子們一路從澳洲搬到麻省鄉間，我想要的是普通人一般的生活。但是這樣的願望，對一個在頂尖文理學院教授生物學的單親媽媽來說，或許只是奢望。我每天的生活中充斥著研究、設計課程，面對那些聰明學生打電話來問問題的挑戰，偶爾還會接到先生從到澳洲打來的電話，看我到底失敗了沒。但我沒想到，「來自熱帶的呼喚」會再次令我無法自拔。

一九九一年五月，我注意到〈科學〉雜誌上有一則廣告：「樹冠宣揚學會的最新樹冠筏任務，該任務將於一九九一年九月至十月在非洲熱帶雨林進行。有興趣參與跨領域研究的科學家，請與主辦單位聯繫……」

只要聽過法蘭西斯・哈雷的樹冠筏以及熱氣球的人，就一定會聯想到童年那些爬樹和玩氣球的回憶。每個小孩都曾夢想過乘坐熱氣球環遊世界，哈雷也一樣，不過他把自己的夢想化作現實，圓了自己還有許多科學家的夢。他設計了一個熱氣球（也可以說是飛船），能航行在樹株頂端進行研究；也設計了充氣式的平台（稱作氣筏），可於樹冠採樣。這兩個裝置組合在一起，成就了樹冠筏雨林計畫，更激發了空前的熱帶合作研究。更多的細節會在後面提到。

在六月一號之前，我就寄出申請表，七月二號收到確認信。我花了好幾個禮拜才相信這是真的，我要去非洲喀麥隆了！比弗拉剛果盆地……瘧疾……響尾蛇……哈特夫婦的研究區（這兩位是我非常景仰的生物學家）……行軍蟻……電影〈非洲女王號〉和巨星亨佛萊・鮑嘉……伊波拉病毒……薩伊的大瓣蘇木林[1]……沒有任何文獻記載這些未經探索樹冠層裡的生態，更遑論樹頂的昆蟲。但因為我平常還要忙小孩、忙學生，根本沒有時間好好消化即將展開的冒險。

我是這次考察中負責研究樹冠食植行為的首席科學家，因此可以帶上兩位助理。我邀請了哈佛大學的昆蟲學家兼優秀的樹冠攝影師馬克・莫菲特，他將協助我辨識樹冠中的昆蟲，並攝影做紀錄。另外我也邀請了紐約上州米爾布魯克中學熱心的科學老師布魯斯・林克，他負責測量葉面積，並和我一起替高中生物課設計樹冠相關的課程。

經過四個月嚴密的行前準備後，我們終於準備啟程了。我們的行李塞滿各種田野中需要的補給，包括有底片、誘捕燈、網子、電池、樣品瓶、附蚊帳的吊床、防蚊噴液、更多底片、筆記本、酒精、放在吊床裡的尿瓶（以免晚上考察時附近沒廁所）、緊急醫療包、一堆底片、測量樹葉硬度的穿透儀、方格紙、酸梅（萬一想吃酸的）、Oreo餅乾（田野工作非常辛苦，我通常都靠餅乾來維持體力）、小剪刀、鑷子、下雨天可以用來打發時間的幾本田野手冊和科學刊物，最後還是大量的底片。

到非洲前要打一堆疫苗，多到我都不想去了。不過這一長串打疫苗的過程，對我來說也像是某種科學訓練。先是要確定什麼該打什麼不該打，再來要注意預防接種的間隔時間，我得在參加一堆學術研討會和家長會的行程中，擠出空檔去打疫苗，最後還要忍受打完疫苗的痛楚。所有參加考察的人都必須接種以下疫苗：

一、預防瘧疾的美爾奎寧（口服）

二、黃熱病疫苗

1——非洲一種高大的優勢樹種，學名 *Gilbertiodendron Dewevrei*，蘇木科。

三、A型肝炎的免疫球蛋白（這一劑超痛的！）
四、B型肝炎疫苗
五、傷寒熱疫苗（超痛的兩針間隔一個月施打；我覺得我愈來愈不喜歡打針了）
六、破傷風疫苗（若去偏遠地區建議要打）
七、霍亂疫苗（又是超痛的兩針，間隔一個月施打；我現在是眞的不喜歡打針了！）

我們只要去十二天，感覺打這麼多疫苗好像太大費周章了，但是誰也不想冒可能為得到傳染病的風險。那陣子薩伊爆發伊波拉疫情，嚴重時可能會致命，這也讓國際開始擔心新型的疾病可能會從熱帶地區「溜出來」。一九九五年時，伊波拉病毒仍無藥可醫，該病經由體液傳染，有百分之八十的感染者都會喪命。病毒的起源到底是不是薩伊的基奎特也很難說，有可能的帶原宿主據說是猴子。

雖然田野生物學家都全心全意投入工作，但我們在雨林工作時，即便沒說出口，每個人多少也都擔心自己會感染上疾病。

慈愛雙親一路相挺

這次的考察能夠成行，多虧我父母生性樂觀，非常支持他們女兒對工作的選擇。我嫁給一個不願意讓太太自由工作的男人，而他所處的社會也認同他的這種想法。所以當我回到美國，看到自己的研究被支持、甚至被尊重時，感到很不可思議。年輕女性往往在事業最高峰時，得面對所謂的「負累」，包括：孩子、房屋貸款、大學貸款、年老的父母、還有無法同理她們工作野心與渴望的另一半。

這次到非洲是我第一次一個人參加植物考察，在澳洲研究時常得帶上孩子，偶爾還有從美國遠道而來幫忙帶小孩的家人一起同行，這樣的組合並不容易，但我也只有這個折衷辦法。一想到可以心無旁騖在田野裡工作十二天，心情激動之餘我也充滿感激。

雖然我的父母不是很喜歡我在偏遠的熱帶雨林工作，但是他們對孩子總是無條件的付出，所以終究還是接受了。我父母以前是老師，那時遇到最恐怖的事，就是在學校餐廳被飛擲的三明治擊中。他們都是在紐約的埃爾邁拉長大的，從結婚到現在都還住在同一棟房子裡。這對如此保守而傳統的父母，到底為什麼會生出這樣一個即將在非洲叢林裡坐熱氣球的女兒呢？這大概會是我們家族裡永遠的謎題。

我很幸運，我的父母親很用心教導我，即便他們不總是認同我追求科學的熱情，但仍舊願意在我旅外的時候，給予我需要的協助。看到他們如此疼愛自己的孫子，也讓我很放心把孩子留在家讓他們照顧。我請不起可以待在家幫忙照顧小孩的保母，也不願意把小孩托給兼差的看護，我待的地方電話又常聯絡不到。幸虧如此，否則我就別想在田野間專心工作了。

非洲大概是我去過最偏遠、最難抵達的地方了。我重新擬了一份遺囑、買了一份高額保險，也和我爸聯名在銀行租了保險箱，這些都是一個負責的單親媽媽在出外遠遊前該做的事情。

十一月一個寒冷的早上，我的同事布魯斯從米爾布魯克出發，載我一起到奧爾巴尼的機場。我們的另一位團員馬克，會從波士頓直接飛到巴黎跟我們會合。前往機場的路上，布魯斯跟我到超市的甜點區買了三塊甜肉桂卷，在出發前最後一刻享受一下墮落的西方美食（我的生命中除了瘋科學以外，還有甜點）。

任何一個田野生物學家，在機場辦登機手續都得花上很多時間，也需要非常有耐心。我相信奧爾巴尼機場沒有遇過旅客飛國際線時，行李裡面裝了紫外線燈（還帶了兩個！），再加上電線、鯨魚尾環扣、一個大型的花園用殺蟲劑噴灑器。經過審慎的檢查，還有鉅細靡遺地回答許多問題後，我們終於通關了。我們第一段航程搭的是快捷航空，因為飛機超重，必須卸掉四個行李，很幸運地，我們的名字都沒有在隨機抽號的名單上，真是可憐那些運氣不好的旅客了。

這次的非洲之旅完全超乎我的想像，為什麼如此廣闊的一塊大陸，還是充滿謎團、鮮少人探究，都沒有科學家去發掘呢？在我們行前四個月的準備期間，幾乎找不到什麼比弗拉剛果雨林盆地的文獻。位於喀麥隆北部的坎波動物保育區，不過就是地圖上代表我們目的地的一個點。這裡曾經被視為熱帶世界物種最多樣、最豐富的地區，傑洛德・杜瑞爾也在書中生動地描寫了他在一九五〇年代探索喀麥隆野生世界時的所見所聞。除此之外，幾乎找不到該地區相關的出版文章。

我很期待將非洲這第三個大陸，和其他兩個簇擁熱帶雨林的主要地區做比較（舊世界或印度—馬來西亞地區，以及新世界或新熱帶地區）。這種洲際的比較一直是我畢生的目標之一。過去的十年裡，我仔細記錄舊世界熱帶雨林樹種的樹冠食植行為，發現年輕的蔭生葉落葉的頻率，比陽生的老葉還高。我也觀測葉片組織，看哪一種比較容易（或不容易）被啃食。現在，我終於有機會把這些發現，在另外一塊大陸上看是否能同理驗證。

轉機是在巴黎。我們在那裡待了十二個小時，等待前往喀麥隆的班機。這次轉機也算是給我們上了一堂經濟課。我們搭計程車去羅浮宮，車資被收貴了，但是我們不太清楚法郎和美金的匯率，所以就開心地付了錢。等到人到了羅浮宮，錢卻不夠買門票，才發現自己被坑了。我們兌現了一些旅行支票後，才欣賞到「蒙娜麗莎」及其他在博物館裡的藝術品。

之後，我們拖著疲憊的身軀回到機場，繼續等晚上飛往喀麥隆工業中心─杜阿拉的班機。等待的時候，我們玩起最愛玩的「誰是科學家」遊戲。之前我們在收到的航班傳真文件上看到，至少還有兩個科學家也會搭同一班飛機，所以我們仔細觀察每一位旅客，看誰穿著科學家必備的寬鬆褲子、黃掉的繫帶鞋，揹著滿是污漬的背包。後來雖然我們無功而返，但還是開開心心地登機去了。

充滿魔幻氛圍的國度

飛機降落到杜阿拉國際機場時，完全沒有燈光，所以我很確定我們已經抵達偏遠的非洲大草原了。那時是清晨六點，天昏地暗的，正值熱帶地區的冬季。軍官檢查著我們的行李。即便是清晨，天氣還是非常悶熱。

如同許多熱帶地區的機場入境區一樣，這地方看起來不像一個女人該獨自前來的地方，機場到處都是軍方人士；還有一堆人急著要幫你提行李，不然就是漫天喊價地招攬我們搭計程車。我們的主辦單位已經告誡過，千萬不要隨便看人及與人交談，最重要的是要無時無刻眼睛盯著、雙手護著，照顧好自己的行李。

我們三人後來搭上一台迷你巴士，是億而富公司（贊助考察的公司）派來的接駁車，沿路經過許多蕭條的地方。低矮的小屋、穿著迷彩裝守著工廠大門的警衛、路邊嗅著垃圾的野狗，在在顯示了這座城市不安穩的狀態。彼時喀麥隆正處於政治動亂期，由軍方掌權，政府內部也有些混亂。

破曉時分，我們抵達一間由銅牆鐵壁包圍住的屋子，等待要搭下一班飛機回美國的研究員起床。出乎我意料的是，這些億而富公司的研究員裡，竟然有我的朋友巴賽特，幾年前他還是研究生時，我曾在澳洲的雨林教他爬樹。

雖然我每年都在不同的地方認識不同的人，但是我卻覺得這個科學的圈子愈來愈小，逐漸形成一個網絡，把我們大家連結在一起，但是這種以私人交情建立起來的人際關係，在科學界裡我似乎已是最後一代。現在的人際網絡只需要透過電腦，利用電子郵件，就可以快速無礙地建立起來。或許在未來，同事不需要見面就能合作；生物學家甚至也可以找到不用出門就能進行田野工作的新方法（像是透過第八章提到的遠端操控攝影機）。然而這種科技的發展，將會抹煞只能從共同經驗培養出來的革命情感。

在偏遠的地方一起工作，真的可以加深同事間的情感，而且在偏遠的叢林工作時，我們都會謹慎選擇要和誰一起生活和共事。電腦網路或許更方便、更有效率，但卻缺乏人與人之間的真實互動，科學家之間所建立起來的關係型態也絕不相同。

我們等了好幾個小時才出發前往叢林。有人告訴我們，杜阿拉的工業區在過去九個月來，已經發生過好幾次罷工。大家只在星期六上工，所以路上冷冷清清，建設也沒什麼進展。我們的司機，同時也是樹冠任務（Opération Canopée）的後勤人員羅蘭，他說他手邊有一堆工作要做，但是罷工的情形讓他很沮喪。

在這裡沒辦法打電話或是傳真，因為接線生沒上班；把人送上樹筏的新椅子因為缺了一個電子零件，所以根本修不好（在任務的第二天就壞掉了）；我們還需要添購治療瘧疾的藥物美爾奎寧，因為有幾個科學家不小心把藥忘在家裡了。在這個什麼都無法運作的城市裡，要完成這些事根本就是不可能的任務。所以我們乾脆就地坐下，像犯人坐監一樣待在租屋裡，聽著外頭喀麥隆孩童在街上的嬉鬧、男人修車，以及女人曬衣服前清脆的甩衣聲。還有城市裡的小鳥啁啾，多半是八哥，和幾隻灰胸繡眼鳥，另外還有隻看起來像是美國賞鳥人士口中的ＣＦＷ（不知是哪一種鶯）。

前往任務營地的路程真是令人難以置信，和城市的街景截然不同。我們搭乘四輪傳動的三菱汽車，上面載滿了人和行李，以時速一百四的速度在高速公路上馳行，相當引人側目。不出一會兒，城市裡那股令人不安的氛圍消失，取而代之的是鄉間的窮苦景象。人們把高速公路當成人行道走，沿路看到什麼就撿什麼，兩輪的手推車上裝滿了木材、罐頭和瓦礫碎片。當車子以至少一百公里的時速疾駛於兩邊滿滿都是人的道路時，感覺非常恐怖。黃昏時分，放學後的孩子們也加入在高速公路上的行走人潮。

沿路我們碰到六次臨檢，羅蘭堅持要我坐在前座，他認為如果警察看到女人，多半會表現得文明一點，盡快放行。這招還果真奏效！難得在這種偏遠的田野裡工作時，我的性別竟然帶來好處。

車子開到海邊的度假勝地克里比後，轉進一條狹窄的泥巴路，開始出現農村的景色，每間小屋都透出燭光，我窺見幾張在晚餐桌旁的模糊臉龐，沿路時而冒出小小的火團，充滿魔幻的氛圍。有人在屋外吃東西時，桌上也點了蠟燭，我幾乎可以感受到瀰漫在潮濕空氣中的那股祥和感。

我們終於到達樹冠行動的營地，這裡也有光亮，不過是由震耳欲聾的發電機所製造，而非來自無聲的燭火。這場景讓我想起某部叢林電影，影片中就有淨空的土地和茅草屋。

樹冠行動至今已經進行兩個月了，晚上大概會有五十個人留在營地過夜，其中有十個人明天就要離開。人真的很多。我們大家緊挨著，開始沿著寢帳屋頂下的長線架起自己的吊床。

當我把吊床展開時，旁邊一個看起來裝扮時髦、身材又健壯的法國人，眼睛瞪得好大。他看起來不是很高興，一個女人幹嘛來攪和他苦行的爬樹冒險。還好我聽不懂他碎碎唸的法文到底都在抱怨些什麼。在非洲的赤道叢林裡，同時聽到法文、德文、日文和英文好多種語言，這感覺真的好奇妙，雖然不知道大家在說什麼，但我卻可以體會大家同為探究樹冠的心情。

克難卻有趣的營區生活

睡在吊床的第一個晚上，就像大學兄弟會姐妹會的迎新儀式一樣無聊，但仍有人就是願意忍受。我記得我不斷地看著手錶，十一點半、十二點半、一點半，然後默默地聽著一場演奏會，這首獨特的交響樂是來自四十六個男人在吊床上睡到翻過去的打呼聲！至少在掛吊床的地方不會被蚊子咬，因為我們都有帶蚊帳來。營地裡還有三個女人，但她們明天就會離開，接下來的兩個禮拜，我就是營地裡面唯一的女性了。

夜間的非洲森林非常驚人，充滿各種聲音，有夜鷹、青蛙、蟬，還有許多不知名的昆蟲。一大清早就可以聽見犀鳥嘶啞的嗓音和牠們吵鬧的振翅聲。犀鳥是非洲雨林生態裡很重要的生物，據說超過百分之七十的西非雨林樹種都會結出帶有果肉的水果，而這種顯眼醒目的鳥類就是雨林裡主要的傳播者。而且跟我們對共同演化所預測的不同之處，在於這裡不同種類的犀鳥並沒有演化至只吃特定大小的果實。相反地，犀鳥是投機的，在非洲肉豆蔻[2]的樹冠上，常常可以見到不同種的犀鳥（有時候還有猴子）一起食用成熟的果實。犀鳥會利用超巨大的鳥喙，先收集一堆果實，然後再飛到灌木叢裡，盡情品嘗自己儲存的戰利品。犀鳥只吃掉多汁的果肉，種子則會毫髮無傷地通過腸道，隨排泄物落到土裡。

我們跟犀鳥也沒什麼兩樣，在營地吃東西時也非常吵鬧。食物種類的變化

2 — 學名 *Pycnanthus angolensis*，肉豆蔻科。

很大，品質則和補給車來的頻率絕對有關。在每個星期的最後幾天，就會開始出現不知名的肉類淋上肉汁並搭配馬鈴薯。有天晚上我們注意到肉的質地看起來像舌頭，有顆粒狀那樣的味蕾，只是不知道是哪種動物的舌頭。也有人說食材裡可能還有動物的其他部位，不過都這些都只是純粹猜測而已（我們希望啦）。可是啊，如果當天有補給車來，就會出現像大蒜蝦、牛排佐酪梨這類的菜色。廚師好像不是很會做甜點，但是他們有努力嘗試做過巧克力布丁，但是到我們手上的卻成了用杯子盛裝、又甜又濃稠的可可。

雖然在美國的醫生告誡我們不要吃生菜，也不要吃任何用水洗過的東西，可是我們實在是忍不住，沙拉實在太美味了，而且當地的生菜跟波士頓的生菜味道好像（但是更好吃）。如果食材用當地的水洗過，我都會盡量不吃，所以我都沒肚子痛，但不是每個人都那麼幸運。如果你在偏遠的熱帶非洲鬧肚子的話，基本上只能躺在吊床上休息好一段時間，然後還要不時地跑廁所。在營地有限的時間，這樣度過實在不是很愉快。

我也非常小心預防被蚊蟲叮咬，不但穿長袖長褲，還三不五時就狠狠地噴一下防蚊液，希望透過這些防範措施，可以不被那些疾病的傳染媒介攻擊，像是蒼蠅、蚊子，還有其他不明飛行物體。但很不幸地，在我最沒防備的時候——洗澡時，被鹿蠅叮了兩包。這種蠅是河盲症的病媒帶原者，河盲病也是非常嚴重的一種熱帶疾病。不過我的同事向我保證，只有一半的鹿蠅身上帶有病原體，算是有安慰到我啦！

身為營地裡唯一的女性，我發現洗澡是件很困難的事情，不只是因為洗澡時會有昆蟲叮咬，更因為有一群人很喜歡來打擾。我大概是當地土著俾格米人觀察美國女性身體結構與沐浴的主要研究對象。每次拿毛巾要去洗澡時，一群土著就會開始跟著我，我西方的同事看到這一幕都覺得很好笑。土著最常做的事情，就是會先爬到鐵皮屋頂上，假裝在檢查水管，然後透過縫隙偷窺我的淋浴間。有次他們還拿了開山刀來，十來把的刀子在淋浴間外將雜草砍個不停。早上起來穿衣服時也很麻煩，但是我只能忍耐了。

還有我的內衣褲，天哪，一天到晚消失不見，我們猜一定是被附近村莊的土著太太拿去穿了，如果是那樣也好，希望她們覺得我的品味還可以。在營地的最後一個禮拜，發生一件很好笑的事。一件超大、超寬鬆的女性內褲不知道為什麼出現在我的吊床上，大家可能是在營地撿到，就覺得那是我的。我想那件內褲一定是大到連土著女人都不想穿，所以就被丟回營地，傳過一個又一個吊床，讓一群男人在那裡哄笑到不行。

俾格米人每天都會從鄰村經過營地，再回他們的村子，邊走邊在頭上完美地頂著一落平衡地很完美的木頭。雖說有理論指出非洲雨林可能是人類祖先的發源地，但是這些地區大概是在一千年前才開始有人類居住。西非這邊開始農耕、或是在森林裡燒荒闢地，也是非常晚期的事，對植物史的影響可能也不大。俾格米人的食物來源主要是靠打獵取得，工具包含陷阱、弓箭和長矛。事實上，如果沒有地陪陪同，我們是不可以隨便進入森林的，因為森林裡隨機埋藏了捕獸陷阱，但我們西方人根本看不出來。森林是打獵的好去處，裡頭還有豐富的水果、堅果、香料、各種纖維，還有藥材。

相較於近年來中南美洲一些較大型的考察，非洲民族植物學的進展顯得相當緩慢。不過早在二十世紀初期，一位名叫約翰・麥克尤恩・達爾齊爾的蘇格蘭醫生兼植物學家，就已經在西非詳盡辨識出超過九百多屬（genus）的有用植物。對非洲人而言，植物、藥草和其他產品的傳統知識，一直是很重要的文化傳承。喀麥隆藥用植物研究中心也開始記錄各種藥用植物。在充滿像瘧疾、愛滋等致命疾病的大陸上，熱帶植物的藥用療效，在未來或許可以突破許多重大的醫學困境。譬如說，許多非洲人及旅客都會感染幾內亞線蟲，但只要利用一種風車子屬[3]灌木的葉子製作汁液敷料，便是非常有效的驅蟲藥。

在我們營地附近的村莊就有幾個人染上瘧疾。營地醫生馬奎爾非常幸運，不需要負責其他工作，所以他便開始發送藥劑，也因此和這一代當地人建立起友誼。村裡有個小孩臉上長了淋巴瘤，醫生說服小孩的家人讓他拍下這個體外生長的腫瘤，好讓他徵詢巴黎外科醫生的醫療建議。對俾格米人來說，拍照是件非常敏感的事；已婚的女人絕對不可以拍照，據說那樣會影響她們的生育能

3 — 學名 *Combretum mucronatum*，使君子科。

力。

也因為醫生實在太閒了，他在營區裡弄了一個很不錯的羽毛球場，只要有人想打他隨時奉陪。當地的人非常喜歡看球賽，他們覺得一群白人在那邊追著一隻那麼小的塑膠「小鳥」非常逗趣。

營地裡有位廚師是本地人，跟我有點交情。他提議帶我去鄰近的村莊，這樣我就可以體驗更多當地的文化和環境。但其實他別有居心，他是想讓村民看看他最新的收藏——就是我！還好我那時說服了另外一位男科學家陪我同去。一條泥巴路貫穿整個村莊，兩旁都是小屋，中間則是學校和一小間店鋪。我幫學校裡的孩子拍照時，他們都非常開心，也很喜歡我們帶去的糖果和鉛筆。

我們參觀了學校僅有的三間教室，老師一進教室時，學生都會很有禮貌地起立。教室的地板是泥土地，有硬板凳，還有一個黑板和幾支粉筆就是他們僅有的教具。與我們西方學校的教室裡全是道具和裝飾比起來，簡直是天差地遠。好難想像這群孩子每天從早上九點到中午，再從下午兩點到五點這段時間都待在學校裡。我真希望可以給他們的不只是幾盒鉛筆而已，然而我也非常羨慕他們既沒有任天堂、也沒有樂高的生活。

高空之旅，出發！

在天氣與工作人員身體狀況許可下，熱氣球每天早上六點準時升空。森林裡清出了一大塊空地作為釋放熱氣球的平台，地面上鋪了塑膠防水帆布，要踏上這塑膠布前一定要先脫鞋才可以。

法國人做起事來有種井然有序的隨性，換做是美國人一定會大吼大叫下指令、告訴對方該怎麼做，搞得現場一團亂、緊張兮兮的。當駕駛員丹尼在飛船底下點燃火焰時，兩個非洲人就幫忙在前面拉住繩索。每次飛船升空前，都會先放飛一顆小氣球來測風向，這一大一小的氣球，是高低技術的美妙組合。

終於要出發了！色彩炫目的熱氣球緩緩飛起，輕輕掠過空地旁的傘樹[4]的樹

4 — 學名 *Musanga cecropioides*，錐頭麻科。

由法國研究人員設計的樹冠筏（Radeau des Cimes），大概是現存最富創意、色彩最鮮豔的樹冠層探索工具。我在喀麥隆利用這個熱氣球及樹冠滑橇（拖曳在熱氣球下方）研究樹冠層最頂端的食植行為。（攝影：作者）

梢，航向一大片綠海。

我們對非洲熱帶雨林的了解非常有限。這邊的赤道森林還沒有使用過樹冠噴霧法，這種方法有利於研究節肢動物的多樣性，在許多地區都已被廣泛使用。

非洲是塊四面環海的大陸，許多稀有物種都是在這裡孕育和發源的，但是非洲森林的面積不斷縮小，這些物種的棲地也岌岌可危，這迫使我們必須在非洲熱帶消失殆盡以前，好好研究這塊大地。

我們的樹冠考察是赤道非洲這一帶首次的合作計畫，研究結果無疑會在科學界創下許多新紀錄。雖然這裡會讓人腹瀉，研究環境設備不齊（沒有電燈、電扇和冰等等）、裝置不時故障，在濕熱的雨林裡爬樹更是讓人耗盡體力，但對科學家來說，這種打先鋒的感覺非常振奮人心。

光是走在營地附近的森林步道，就十分費力。走不到幾分鐘，連運動健將也會滿頭大汗了。我帶來的Oreo餅乾，讓我在正餐中間多少能補充些體力，尤其是早上那段時間，因為脆皮麵包搭配黑咖啡的法式早餐，根本不足以裹腹。

樹冠筏停留在離營地約兩公里的樹林上方，第一天我們步行前往，我發現在樹林裡根本看不到紅黃相間的熱氣球，一方面因為它太高，另一方面也因為走了一段路以後，我的眼鏡因為呼吸起霧了。等熱氣蒸發後，我看到一條蛇狀的繩索從樹林中的開口垂下，它將帶我們前往上面的世界。

繩索有五十五公尺長，連接樹頂上的氣筏和地面。馬克先爬上去，他邊爬邊背著超重的攝影器材，喘到連看到美景都沒力氣讚嘆。接著是我，感覺怎麼爬都爬不到終點。我經過一個非洲蜂窩、幾株藤本植物，還有令我忍不住採了幾個樣本的冠下層，再穿過通往氣筏的開口，最後抵達樹冠的最頂端。在爬完將近十八層樓的高度後，我累到直接躺在網狀的地板上，微風從底下灌入，我就這樣享受了好一會兒無比清涼的微風。

樹冠筏的外型和感覺都很像一個巨大的充氣船，風吹來它就會搖搖晃晃地發出嘰嘎的聲音，上面也有繩索也有繫纜。充氣的管子上很聰明地設計了口袋，可以讓我們放工具，不怕用品「跳船」。

布魯斯是最後一個上來的，他爬到一半的時候突然有點懼高症發作，這對第一次進入樹冠層的人而言十分常見。我們建議他最好就固定坐在一個位置，不要像我跟馬克一樣跳來跳去。布魯斯負責協助我們將昆蟲加以標記與分類。

樹冠層的溫度超過華氏一百度（攝氏三十八度），我們帶的水不到中午就喝完了，大家都嚴重脫水。我也中暑了，一直覺得噁心跟頭痛的厲害（結果我那個下午都在吊床上休息，喝水跟吃Oreo回復體力）。

對生活在樹冠上層的動植物來說，壓力是比較大的。巴賽特從他的樹冠層

由熱氣球吊起的樹冠筏，放置在不同樹種的樹冠上，是方便的暫時性上樹工具，就像個太空站一樣。照片裡幾乎看不到我，我剛從地面利用繩索爬到氣筏上，準備測量昆蟲侵害樹葉的程度。上一張照片（第二五〇頁）的氣筏只是這個巨大樹冠筏的其中一部分而已。（攝影：布魯斯・林克）

採樣發現，樹冠最頂端的物種和數量比冠下層少很多，某些鳥類和哺乳類幾乎不會在這裡出現。生長在樹冠最頂端的樹葉，能適應像是豔陽、強風、多雨的嚴酷氣候條件。

根據我們德籍同事萊納・洛許的測量指出，這些樹葉韌性強、體積小，光合作用的速度快。相較之下，冠下層的樹葉因為光線不足、光合作用的速度較慢，替樹株製造的能量也較少。不過這樣的樹葉昆蟲愛吃多了，因此冠下層葉面佈滿密密麻麻的啃食痕跡。

事實上，不管是就外觀還是生理機能而言，同樹株的樹冠層樹葉（陽生葉）和冠下葉（蔭生葉）的差異，常大於不同的樹種。和蔭生葉相比，陽生葉的特徵包括面積較小、韌度較強、含水量較低、顏色較淺、光合作用速度較快，而且生命週期較短。

為什麼昆蟲喜愛蔭生葉更甚於陽生葉呢？因為蔭生葉比較柔軟適口嗎？或純粹是因為冠下層草食性昆蟲的數量本來就比樹頂多呢？這些問題的解答是什麼？未來無疑會出現更多的樹冠研究，以及更多的問題。像樹冠筏這種創新的樹冠層探索工具，將能讓科學家找出更多解答。

氣筏下降到地面的感覺非常美妙，相較於爬上去的千辛萬苦，下來的路程既輕鬆又快速。利用鯨魚尾環扣，可以讓我們在短短幾分鐘內，順暢地「滑」到森林地面。因為氣溫下降，再加上滿腦子都是待會兒的美味晚餐，大家步履蹣跚地走回營地，直奔浴室。

雖然我在樹冠筏上曬了一整天的太陽，身體很熱很黏，還有沾滿灰塵的樹皮、腐植土跟昆蟲糞便，但還是很不想走進淋浴間沖冷水澡。因為沖澡的水未經處理，也不知道是從哪裡引來的，害我好猶豫。但田野生物學家已經對這類的風險習以為常，雖然我很有可能不小心吞下一口被汙染的水，但最後還是決定洗個澡。

我花了幾個下午在田野實驗室分析樹葉。我們用輕便的工具測量葉面積、長度、重量和硬度，在這偏遠而原始的非洲雨林裡進行研究。沒想到在這個田野實驗室裡，不僅有一台最先進的微型電腦可以量化葉面積，還有一個全職的技師幫忙操作。前來考察的科學家都可以利用這台電腦和技師的協助，我從來就沒有在偏遠的田野裡，進行過這麼縝密的資料收集。

但是有些人因為外力的影響而無法使用到更精密的儀器，他們的田野計畫就沒有這麼順利。像是馬克斯・普朗克研究院為了研究樹冠上方的大氣，從德國寄了一千三百公斤重的行李，其中還包括許多昂貴的科學儀器。不過那些設備全都卡在杜阿拉，得等相關文件下來才能過海關（或是賄賂，天曉得）。後來儀器終於送到營地，但是那些德國科學家隔沒幾天也要離開了。但他們還是在帳篷裡架起電線、刻度表、瓦斯桶和各種儀器，打造自己的分析實驗室。照理說這應該是個很棒的計畫；但實際情況是一堆零件壞掉。德國人氣到咒罵連連。他們的任務十分艱鉅，而且樹冠上方的大氣研究非但沒有人做過，還是非常重要的創舉。

第二天登上氣筏時沒有昨天那麼慘烈，因為我們已經知道狀況大概是怎樣了。布魯斯被留在營地，繼續冠下層樹葉的研究。我帶了兩手六瓶裝的水，再加上心愛的Oreo餅乾隨時補充體力。為了採集樹冠草食性動物的樣本，馬克跟我也帶了許多工具，包括掃網、捕蟲盤、樣品瓶、鑷子，還有昆蟲噴霧。

我們發明了一種新的微型噴霧法，每次的噴霧範圍只有氣筏附近約一立方公尺。這種做法應該要叫做「水霧法」才對，因為水滴大小比一般的噴霧法還大。這種以小範圍進行噴霧法的方式，雖然採樣數量比我們之前在地面上少了許多，但卻可以讓我們在不破壞生態的前提下，在不同地點採集可相互比較的樣本。

我們採樣的樹種都是我以前沒看過的。我們採集這一區的優勢樹種為蘇木科的Dialium pachyphyllum以及香膏科的Sacoglottis gabonensis，它們樹冠頂端的葉子都是長橢圓形、葉質偏硬、滴水葉尖。大雨過後，滴水葉尖可以加快葉面水分的流動，讓葉子很快就乾了，這樣也可以減少葉面附生植物的生長，同時有助於水往下流到根部。在十二天的考察裡，我們採樣的樹種高達二十八種，測量了超過一千兩百片樹葉。我們也計算樹葉上草食性動物的數量，並交由馬克回到哈佛大學的比較動物學博物館加以鑑定。

這次考察最出乎我意料的個人成就就是我的膀胱，我睡覺半夜都不用去上廁所，一次也沒有，太神奇了。生產後我的膀胱變得很無力，大多數當媽媽的人應該都可以理解這種困擾。至於為什麼我的身體這次會這麼合作呢？我想有以下三個原因：潮濕悶熱的氣候，讓我體內的水分多半和汗水一起排掉了；窩在吊床睡覺的睡姿比較不會壓迫到膀胱；還有想到半夜上廁所可能會踩到兇猛的行軍蟻[5]，就讓我的尿意全失。我們常常在傍晚看到列隊的行軍蟻朝廁所的方向進攻，牠們應該是為了晚餐才突擊糞坑的吧。

戰力強大的螞蟻兵團

這些行軍蟻是非洲森林的一大奇景，牠們爬行的速度極快，總是急著要趕去某個地方似的，行進方向不同的多條隊伍更可以同時層層交疊。有個俾格米人帶我們去看他狩獵陷阱抓到的大型哺乳類動物，但很不幸地，行軍蟻比他更早發現動物的屍體，大量湧入的行軍蟻硬生生地把屍體撕裂成兩半，徹底執行「凡走過不留下痕跡」的精神，把屍體吃得只留下一堆白骨。這種死法對動物來說真是殘忍。俾格米人和他家人運氣也非常差，晚餐就這樣被行軍蟻吃乾抹淨了。

螞蟻稱霸非洲低地森林的生態系，在地面層非常活躍，樹冠層裡也有幾種常見的螞蟻。我們檢視了幾種喜蟻植物，像是山欖科（*Delpydora sp.*）的葉柄充滿絨毛，交織產生的孔隙成了螞蟻的棲身之處；螞蟻也會躲藏在錦葵科可樂果屬（*Cola Marsupium*）的囊袋裡。喜蟻植物為蟻群提供遮蔽和食物，也可以免受其他草食性動物的侵害。

在樹頂常常可以聽到大家抱怨螞蟻。樹冠層的螞蟻實在太多了，隨便動一下氣筏就有可能打翻蟻巢；被驚動的螞蟻肯定不開心，馬上就會運用咬人的絕活，見一個就咬一個。印象中我被螞蟻咬過很多次，到現在身上都還留有好幾處螞蟻咬的痕跡。不過我也非常佩服這些小小螞蟻的貪食，竟然攻擊比牠們大上好幾千倍的敵人，而且還打勝仗！

考察的第一天馬克就發現一種很罕見的螞蟻，他認為那應該是編織蟻屬的新種（這種熱帶的蟻屬已經有好幾百年沒發現過新種了）。我們樂到不停採樣，還把一些樣本保存在酒精裡，馬克也拍了好幾百張照片作紀錄。

布魯斯以其達爾文進化論的角度推測，既然有新的蟻種，附近一定會有相

5 — 學名 *Dorylus sp.*，和新熱帶地區的軍蟻很類似。

對應的（也就是尚未被發現的新種）擬態蟻蛛。果真，經過一番搜尋，我們發現幾處有擬態蟻蛛的蜘蛛巢穴。這些蜘蛛看起來就像螞蟻一樣，不過牠們有四雙腳（當然還有絲囊和其他較不明顯的特徵）。一隻蟻蛛從蜘蛛絲上跳出來，抓住一隻沒防範的螞蟻，然後帶回巢穴慢慢享用。蜘蛛的動作非常快，以免其他螞蟻看到牠會反過來殺了入侵者。

蟻群的世界真是充滿戲劇張力啊！樹冠裡的蟻窩看起來就像一堆枯樹葉一樣，但是千萬別小看它們喔。

有位村民拿了大猩猩的頭骨來營地兜售，布魯斯很想把它帶回密爾布魯克中學收藏，但受制於他的保育道德，再加上帶著瀕臨絕種的動物頭骨也很難過得了美國海關，讓他打消了這個念頭。那位村民說這隻大猩猩攻擊過他，還給我們看了他腿上的傷口，大猩猩的頭骨上有許多開山刀的砍痕，是村民重傷大猩猩致死的痕跡。他的說法引起營區諸多科學家的辯論。大猩猩真的會那樣攻擊人類嗎？還是那只是村民捏造出來的故事，好隱藏他想販賣瀕臨絕種動物頭骨的事實？

在叢林的第二個禮拜，我的睡袋跟吊床開始有點髒髒黏黏的。我常常不小心睡在手電筒上，好幾次醒來大腿上都出現一大塊壓痕。睡吊床的日子跟睡床墊比起來舒適度可真是天差地遠啊。我們忍不住洗了點衣服，布魯斯的旅遊書上千叮嚀萬交代不要在野外晾濕衣服，因為某些蒼蠅會到濕布上面產卵；然後幼蟲（或是大家比較常講的蛆）就會趁你穿衣服的時候鑽進皮膚裡。但沒辦法，因為我們每天還是會晾濕毛巾（而且因為一直流汗的關係，衣服也都濕答答地「晾」在身上），所以這些蒼蠅幼蟲也算是在非洲熱帶做研究的另一個風險吧。

在樹冠層滑行

考察的最後一天早上，我們利用新的滑橇（或稱滑行艇）上採樣，這是法蘭西斯・哈雷非常創新的設計，可以在樹冠上滑行。很幸運地，拂曉之後的天空清朗，這對使用滑橇來說非常重要。丹尼進到駕駛座，點燃丙烷燃燒器，布魯斯、法蘭西斯和我則在三角形的滑橇各佔一角，接著熱氣球便緩緩把我們帶到晨霧之中。空中的景色太迷人了，縷縷低雲繚繞，樹群隱身其中。我們的任務就是利用掃網掃過樹冠以重複採樣，每棵樹的掃網次數都要一樣。這種做法就類似研究船隻在海中利用拖網採集浮游生物的樣本。

滑橇靠近一棵開滿紫色花朵的巨大非洲芒果樹[6]，從這個高度看這種樹，跟在地面時截然不同，因為從地上只能見到它巨大的板根，根本看不見樹頂的花朵。熱氣球慢慢下降，讓滑橇可以在樹冠層上滑行，我和布魯斯馬上利用長柄的掃網，各自在滑橇附近掃了十次，再把掃網連同捕捉到的昆蟲，一起放到塑膠袋裡，然後在開口處快速噴灑殺蟲劑，再把袋口封住。傳統的做法是在重複完掃網的動作後，耐心地把昆蟲從網上一隻隻抓起來再放進樣本瓶裡，但是我們沒那麼多時間，而且在滑橇上也很難每掃一次就抓一次昆蟲，所以我們先把掃網連同塑膠袋綁起來，然後再用另一隻新的掃網捕捉下一批樣本，晚一點（等我們安全落地後）再從袋子裡把燻暈的昆蟲一一拿出來。

我們在另一株非洲肉豆蔻的掃網就有點不太專業，因為滑橇突然撞上一棵不知道哪裡冒出來的樹，這一撞害得我們全身掉滿螞蟻，熱氣球趕緊把我們向上拉高的同時，我們也已經被狠狠地叮咬了。雖然在起伏的樹頂上很難掌握方向，但是滑橇的設計仍舊是一個創新且異於傳統的樹冠層探索工具。在這之前，從來沒有人可以在這麼短的時間內，在樹冠層採集數量如此豐富的昆蟲樣本。

每天考察結束後，我們都會聚在會議小屋，報告研究的進度，並隨性討論自己的研究領域。在營地的最後一晚，我們發明了一些很棒的辭彙。我們告訴法蘭西斯英文裡面有個字叫做ruckus[7]，並用它來比喻我們在雨林裡頭擦撞出許多思考的火花。我們還把這晚的聚會取名為「雨林中的腦力激盪」，有包括我主講的「神奇的菌根」、法蘭西斯主講的「不可思議的樹根」，還有馬克主講的「驚人的擬態」，聚會最後還有美酒！

6 — 學名 *Irvingia gabonensis*，苞芽樹科。
7 — 意指喧鬧、騷動。

我談了在澳洲的研究工作，還有那時候研究團隊推測菌根的存在有助於熱帶樹林發展成單一優勢種。法蘭西斯和我們分享他用樹枝架構的模組，不但可以紮地生根，也會自己生長出新的部位。馬克則是鉅細靡遺地描述螞蟻和擬態蟻蛛，還應觀眾要求，維妙維肖地模仿蟻蛛轉身的滑稽模樣，把大家逗得哈哈大笑。聚會的第四個亮點就是一瓶眾所覬覦的加拿大施格蘭威士忌，大家一起共享。

正當我們在整理行李準備回家時，我終於明白為什麼我的行李老是有一堆螞蟻了：兩支棒棒糖（是我之前在麻省去完銀行後買給兒子的），原來一直都藏在我皮包的內袋裡，害得袋子變得超黏，還全是螞蟻！

我們準備要離開營地時，一群村民爭先恐後（但有禮貌地）問我們可不可以給他們鞋子、T恤和其他衣物。因為他們看起來很需要那些物資，我們也很樂意贈送。

下午三點半我們離開營地，回去的車程變得輕鬆，不但行李變輕，連警察臨檢點也變少了，因為當地的政治動盪已經趨緩。杜阿拉感覺生氣蓬勃、熱鬧許多。但我們離開機場的過程不是很順利，有些人必須賄賂官員才能過海關，不然的話就等著被帶到後面的黑幕裡被搜身。坐上飛機後，每個人都鬆了一口氣。

到巴黎轉機時，過了讓我難忘的一晚，不是因為艾菲爾鐵塔，也不是因為浪漫的塞納河，而是因為我終於可以好好地洗個泡泡澡，睡在彈簧床上，飲料裡還可以加冰塊。

地球村民的共同責任

每每從熱帶地區的田野調查回到位在溫帶的家時，總是不太適應。我身邊的人總是很難想像我在叢林時的生活，也無法了解短暫離開西方世界後我看待萬物的角度又更寬廣了。

從喀麥隆回來後，我花了好幾個月的時間，才重新融入西方社會中。畢竟，我飛越了一片海洋、橫跨三大洲，在熱帶和副熱帶間穿梭旅行。但最重要的，是我努力適應了兩種迥異的文化，感受了其中各自美好、但不見得相容的風俗習慣和價值觀。

西非原始的熱帶雨林面積剩下不到百分之二十八（從十幾萬平方公里減少到六十八萬平方公里），而中非地區則還保留百分之五十五的雨林（從一百四十九萬平方公里減少到兩百七十一萬平方公里）。雖然跟世界上其他地區的森林相比，非洲雨林縮減的情形不算嚴重，但它卻是當中最脆弱的。只有少數幾個國際保育組織提供前往非洲研究的補助，當地也沒有足以影響政府用地決策的生態觀光計畫。這塊大陸雖然孕育了許多特有物種，但是隨著森林面積的減少，棲息地也面臨了沙漠化的危機。

目前我擔任一位喀麥隆雅溫得大學研究生的指導教授，他幾乎沒什麼機會用到電腦或是到圖書館。我也和該大學的一位植物學博士，在非洲村莊裡推廣附生植物保育計畫。我們正努力建立雙方機構間植物材料和資源的交流管道。雖然阻礙重重，但是非洲雨林往後的保育主要就仰賴對於非洲學生和政府的教育，我們也都必須正視身為地球一份子所應負起的責任。

・第八章

登上樹冠起重機

在雨林裡的每一處都被善用，沒有無用之地，到處都灑滿陽光。在上萬個巢穴裡，便有上萬種靜默的生命力。再也沒有任何地方比此處更加翠綠。有時候雨林就是我們想像中的伊甸園——一個無比寧靜而富饒的遠古國度，在那裡有蟒蛇滑行，野豹飛躍著。

——黛安・艾克曼，《稀世之珍》，一九九五年

一九八〇年代，史密森尼學會學院有位名叫艾倫・史密斯的生態學家，為樹冠研究發想了一個創新的點子，他認為工程活動起重機可以做為樹冠探索工具。雖然史密斯這個想法在十年前聽起來很荒謬，但現在樹冠研究卻因此舉有了全新的突破。

一九九二年，在慎思熟慮後，我辭去威廉斯學院客座教授的職位，在佛羅里達州薩拉索塔市的瑪麗・賽爾比植物園，擔任研究和保育中心主任。我對佛羅里達一點都不了解，而且這個工作的內容也不像大學教授的職責一樣明確。但是，這個職位有很多吸引我的原因。

對我來說，這是個可以讓我直接投身雨林研究和保育的機會，一年十二個月都可以腳踩泥濘地，為改變熱帶環境的問題盡點心力，而不是只在教室裡空談；還可以參與大眾教育，透過我的第一手田野研究經驗，和大眾分享我對保育自然生態區的信念。

這個正職也可以讓我和孩子沒有經濟上的壓力，最重要的是薩拉索塔有所非常棒的公立學校，是專辦數學及科學（這也是我兒子們最愛的兩個學科）的磁性學校[1]。雖然我希望有朝一日可以回歸教職，但在我體力還可以負荷爬樹時，我更希望可以把精力投注在田野工作中。

六月三十號我飛往薩拉索塔，威廉斯學院的聘期才結束，我七月一號就開始在賽爾比植物園工作。一九九二那年，我歷經了許多會產生重大情緒動盪的事件，而且這些都是心理醫生建議要避免的，包括離婚、搬家、換工作、買房子。雖然這一年看起來似乎是「最慘的」一年，但事實並不然，這些全多虧了我家人和朋友的支持。

賽爾比和薩拉索塔的環境很棒、生活很刺激，我和孩子們也很享受新生活、新學校、新文化。就任新職後，我的第一個田野工作是到巴拿馬季節性乾旱的熱帶雨林裡，利用樹冠活動起重機做研究。

1 — Magnet School，美國新形態學制，以辦學特色吸引學生就讀，為公辦民營性質。

巴拿馬，我來了！

我們家在睡前都會有個「聊天時間」，那是親子間在黑暗中，輕聲細語、無所不談的專屬時間。跟大白天相比，我們覺得在黑暗中有種被保護的感覺，那些對話只屬於彼此，不會被別人發現。不管心理學家怎麼說，這個聊天時間對我們來說非常珍貴。

在我去巴拿馬之前，兩個孩子都不約而同在各自的聊天時間告訴我，他們也想要跟我一起去。這是艾迪和詹姆士第一次對我的研究工作產生興趣，也是第一次萌生這種念頭，想試試看離開安全的環境、舒服的床鋪、書本玩具還有熟悉的一切。現在他們早就大到可以離開自己的世界到外面探險，那時候八歲和六歲的他們，也已經有能力可以擔任我的田野調查助理，不會造成我的負擔。我答應他們，下一次我會計畫一個可以親子同行的田野調查之旅。

在賽爾比植物園工作非常忙碌，我要做研究、出差、做行政工作，同時還要教學。在我盡情享受工作的同時（我還要擠出時間到附近的佛羅里達新學院教書、指導實習生），樹冠研究居然成了我每個月最期待的事。感謝我的父母願意照顧孫子，我才能接下一些田野工作的邀約，到不同的熱帶雨林做研究。

說來也真好笑，作為一個單親的職業婦女，我現在接觸到的世界比我任何一個人生階段都來得豐富。我就像初次進到糖果店的小孩，不論是在附近的哈佛大學，或遠至難以想像的喀麥隆首都雅溫得，我終於可以四處探險。

前往巴拿馬，以及與史密森熱帶研究院（STRI）合作利用樹冠起重機做研究，對我來說簡直是美夢成真，我好期待利用這個神奇的工具，暢行無阻地在樹冠頂端盡情探索。而且能親眼目睹巴拿馬運河一直是我的夢想，這個令人驚嘆的建造工程無疑改變了歷史。我也很幸運可以和史密森研究院合作，以客座科學家的身分，到樹冠起重機上工作。

高聳直入天際的綠海世界

很難想像從佛羅里達南部到巴拿馬這麼短的距離居然要飛十個小時。巴拿馬市機場的照明系統和喀麥隆杜阿拉機場很像，也就是根本沒燈光。

飛機降落在黑壓壓的跑道上，迎接我們的夜晚則是又悶又熱。下飛機後，沒看到半個史密森研究院的同事，我緊張地等了十五分鐘，心想早知道高中第二外語就不要選德文，應該選西班牙文的。過了一會兒，氣喘吁吁的喬瑟夫（喬）・萊特出現了，跟我解釋他一路開來天又黑又下雨，路況不穩一堆坑坑洞洞的，有個公車輪胎還失控，擦撞到他的左頭燈後滾到路肩，然後落在保險桿右前方。他喃喃道：「這下妳可見識到巴拿馬的交通了。」

因為天色已經暗到根本找不到研究院幫我準備的住處，喬便很好心地讓我借住他家一晚，他們全家住在一棟很寬敞的房子，四周圍繞了鐵欄杆（基於安全考量的緣故）。喬的兩個小孩跟我兒子年紀相仿，玩的玩具和我們在美國的也差不多，但是這些孩子的世界卻和我們的大相逕庭。那晚我幾乎徹夜未眠，聽著街道上的車聲和其他各種聲音，直到早晨的鳥鳴聲。我後來才知道，唯有冷氣的運轉聲音才有辦法蓋過巴拿馬城市的喧囂，給旅客一夜好眠。匆匆吃完早餐後，喬和我就迫不及待去體驗樹冠起重機了。

研究地點位在一座名為「大都會森林公園」之處，靠近巴拿馬市的邊緣。起重機凸顯了人與大自然的有趣對比。它位在都市的山坡地上，俯瞰的是一大片樹冠和巴拿馬市的天際線。在遠方還有另外一台起重機，正進行起重機的傳統職責——蓋高樓大廈。樹冠起重機處在一片綠海中，一天二十四小時都有守衛看守，防止有人刻意破壞（在一九九三年時，守衛每小時的時薪是一塊美金）。

要前往起重機的所在地，我們先是開車經過一個廢棄的工寮，過了有柵欄和警衛看守的公園入口，經過一扇上鎖的大門後，再開上一條泥濘小路，最後才到達這個龐然大物的腳下。起重機被固定在一座水泥平台上，黃色的金屬基底支撐著高四十二公尺的吊臂，直入天際。原本整個起重機是漆成紅色的（非常上相），但是因為顏色太鮮豔而遭非議，所以最後就改成黃色。

我們很難預測起重機會對鳥類和野生動物的生活帶來什麼改變，還有這個大型人造物所造成的衝擊效應，這些都是科學家必須面對的研究風險。使用起重機或許在研究哺乳類動物的行為時會造成一些干擾而成效不彰，但卻很適合

樹冠起重機可能是最新、也是最貴的樹冠探索工具。使用者可以接觸到起重機吊臂圓周範圍內的每一片葉子。我在巴拿馬的熱帶乾燥林利用這個方法，調查昆蟲利用藤蔓爬行的可能路線。現在全世界都有利用工程起重機的研究地點，包括圖片中委內瑞拉的這個地方。（攝影：作者）

用在測量光合作用的速度；或者，以我來看，也很適合研究樹冠的食植行為。

荷西是負責操作起重機的工作人員，他很安靜，皮膚黝黑、很強壯。他敏捷地沿著金屬台階往上爬到駕駛座，只要是在吊臂的半徑範圍裡，你要他把吊艙移到哪裡都沒問題。荷西把一個大鉤子慢慢垂吊下來，將吊艙和鋼索勾在一起，這樣坐在吊艙中的人就可以在樹冠層間移動。操作起重機的待遇和一般的守衛好很多，起重機操作員的時薪有九塊美金，因為他的技術受過專業的訓練（當時巴拿馬人的平均時薪是兩塊美金）。

我們毫不費力地踏進吊艙，喬用對講機向荷西請求升空後，我們就慢慢地往上升。多壯觀的景色啊！有藤蔓、蘭花、巨蜥、藤蔓、樹冠、小鳥，許多藤蔓，還有不管從哪個方向都可以看得一清二楚的茂密樹葉。起重機的活動範圍和敏捷度超乎我的想像。我們往返於在樹株間，小心地靠近開花的藤蔓，然後再往上升，到達一株巨腰果木[2]的樹頂，拍了一張波瀾起伏的樹冠風景照片。

樹葉靜止不動地垂掛在寧靜的早晨裡，巨蜥在樹冠層曬著太陽，根本不在乎我們打擾牠們的世界。昆蟲在附生植物和樹冠的花朵間嗡嗡作響。起重機的吊艙可以輕易移動到任何一個高度，也可以準確地返回某片特定樹葉的位置，

2 — *Anacardium excelsum*，漆樹科。

這個特色比單索工具還要實用，也比熱氣球更靈活。現在即使是體力再差的科學家也能進入樹冠層。我們開玩笑說，一個女人就算穿著細高跟、晚禮服、手上端著香檳，都還是可以毫不費力地採樣。起重機唯一明顯的缺點，就是活動範圍受限於吊臂半徑內。

深入草食性動物的世界

我的樹冠起重機研究計畫，本來是想要做澳洲跟巴拿馬雨林間食植行為的比較，三年前喬・萊特便已跟我一起提案，但是那時候補助遲遲沒有下來，所以喬就先自行開始他的研究了。後來，我們使用的田野調查技術有一點不同，結果（我們後來才發現）兩個人的研究數據根本不相容。

方法論也算是田野科學裡其中的一個陷阱，有時候研究方法裡一點點看似無關緊要的改變，就可能造成偏斜數據，導致兩組數據間無法相容做比較。就我和喬的例子來看，他是以葉齡作為食植行為的基準，我則是以年比例來看食植行為，要調整這兩個數據的時間差異不是不可能，但耗費的時間與精力，實在超乎我們的負荷。

起重機對我的雨林樹冠食植研究幫助非常大。昆蟲、鳥類和哺乳類的食葉行為是森林生態中很重要的一環，因為啃蝕量的多寡，代表在森林生態系中，消耗了多少可以製造能量（透過光合作用）的葉組織。以前的科學家會到森林的冠下層，採集一個小範圍內的樹葉樣本，然後拿著裝滿樹葉的塑膠袋回到實驗室，測量樹葉上的啃食比例，就此推估出森林裡葉組織的耗損量。想也知道，這種作法測量出來的結果是大多數森林裡的食植行為程度都不高、甚至偏低。

這種測量的方式，基本上是直接忽略百分之九十五的樹葉，因為那些樹葉全都在科學家接觸不到的地方；這個方法也會忽略掉已被啃蝕的樹葉，因為根本已經不見，當然就無法採樣了。現在有了新發明的樹冠層探索工具，我們可以更全面地測量整座森林裡的食植行為。

近年來的研究指出，食植行為不僅是葉片上的蝕痕而已。樹葉的壽命、昆蟲和鳥類的行為、葉組織的化學成分，還有不同葉齡的樹葉差異，這些都是食植行為涉及的內涵，更是複雜森林生態的一環。或許最重要的是，若想更了解食植行為，我們也必須觀察草食性動物和樹株長葉的生物氣候學。在森林中使用起重機，就有辦法做到如此縝密的觀察。

即便有了像起重機這樣的探索工具，森林樹冠層裡還是有一些難以捉摸的生物。像是要想在樹冠層研究鳥類，簡直是不可能的任務，因為牠們實在是太膽小了。生物學家查爾斯・孟恩曾經在祕魯的熱帶雨林，利用輕航機追蹤並觀察金剛鸚鵡，雖然這個研究方法相當危險，但當牠們飛到樹頂時，的確能被成功觀測到。其他鳥類學家也曾花上好幾百個小時，耐心地觀察結實的樹株，以計算並記錄鳥類的食性。另外像樹棲哺乳類動物，如蝙蝠、虎貓、齧齒類動物、樹懶、穿山甲、袋貂、紅毛猩猩及熊狸等，也有其田野生態研究的難度。

目前還沒有一個標準化的研究法可以用來推估樹冠的生物量，熱帶哺乳動物學家的研究阻礙重重。路易斯・艾蒙斯是位舉世聞名的哺乳動物學家，他花了上千個小時在熱帶林裡觀察及誘捕哺乳類，或許樹冠層探索工具的進步，可能會讓他有更多的發現。

在澳洲，鳳頭鸚鵡和其他鳥類有時候會打落樹上大量的樹葉，這種行為可能是求偶行為的一部份，又或是單純只是好玩。我曾經很幸運地在樹冠層裡目睹這種行為。這種沒有規律的行為會對樹株造成多大的影響呢？樹葉壽命的研究要如何把這種致命的事件算進去？對一片樹葉來說，被鳥類打落不過是在關鍵性幾秒鐘的事情，又怎能指望生物學家理解這個事件對生態造成的衝擊呢？

藤蔓和樹木的爭戰

因為喬的研究計畫不需要我的幫忙，所以我決定利用起重機進行另一項研究。

我對藤蔓很感興趣，也想知道藤蔓在樹冠中如何減少（或增加）動物的食植行為。在樹冠生態學中，藤蔓可以說是最不被注目的一種，但它們卻在森林中扮演相當重要的角色，數百年來也深為許多博物學家所讚嘆。達爾文駕著小獵犬號到處探險時，就曾透過他自己的觀察，鉅細靡遺地描述過藤蔓。

藤蔓需要樹冠的支撐，但是覆蓋住樹葉的藤蔓，常會限制、甚至阻礙樹株的成長。藤蔓攀爬的模式非常驚人：彎曲的枝蔓、纏繞的特性、荊棘和鉤爪、不定根[3]、強韌的領頭芽，還有其他許多生存策略，都讓藤蔓在樹冠裡穿梭自如，侵占每一處空間。

我最喜歡的一種藤蔓是澳洲的律師藤[4]，之所以有這個稱號，是因為這種惡名昭彰的藤蔓有著尖銳的荊棘，可以輕易刺進皮膚或衣服，而且就像官司纏身，讓你無處可逃。藤蔓專家傑克・普茲曾概述藤蔓對森林的影響：「攀爬到樹頂是藤蔓個人的勝利，卻是樹群末日（至少是黑暗期）的到來。」他推估在巴拿馬巴洛科羅拉多島上的生物，有百分之二十五是藤蔓。

樹冠層裡許多無脊椎和脊椎動物，除了利用藤蔓在樹林裡移動外，也會以藤蔓為食物與棲地，或是藉此躲避掠食者和靠近獵物。藤蔓也常出現在次生林和受干擾的森林中，妨礙了森林的管理。除非科學家能夠理解森林樹冠層中藤蔓的數量和功能，否則我們永遠無法體會藤蔓對森林生態系的價值。

我這次研究所提出的問題是：在熱帶雨林樹冠層中，藤蔓是否是草食性動物的路徑呢？換句話說，樹頂的藤蔓是不是提高了食植行為的比例？或許昆蟲在有藤蔓的樹群中攀爬到樹冠的頻率，可以比在沒有藤蔓的樹群裡更高。為了要驗證這項假設，我需要分別找到有藤蔓和沒有藤蔓的樹冠，並將兩者加以比較。起重機就非常適合用來完成這項工作（往後幾年我還利用樹冠筏擴大該研究的範圍）。

我在起重機的吊艙中採集樹葉樣本、測量樹葉食植侵害的程度；也用了幾個簡易的技術（掃網、吸蟲器還有捕蟲盤等方式），推估草食性動物的數量。因為這是個生態研究，我每天都會用同樣的方式、在同樣的時間，謹慎地在每個對照組的樹株上採樣。

在第一天興奮地利用樹冠起重機研究藤蔓和草食性動物後，喬帶我到STRI

3 — 由胚根延長或生長而來的根皆。
4 — 學名 *Calamus muelleri*，棕櫚科。

在巴拿馬市的總部特百大樓。這棟大樓是以特百惠的創辦人命名的，也是因為他的捐款，促成了今日在巴拿馬市的STRI。本來要給我用的代步車，不知道為什麼沒有出現在組織的物資名單上，所以喬很尷尬地和總部那邊協調，然後向我保證明天一定有車給我開。他很好心地送我回到住處（途中有間雜貨店），還給我計程車行的號碼，好讓我明天可以先打電話叫車。我的起重機使用時間是安排在早上七點到十一點，有非常嚴格的時間限制，因為其他科學家也要用到起重機。但因為我不認得路，也不會說西班牙文，六點半一大早叫計程車這件事令我感到手足無措。

凌晨三點半，我被窗外的撞擊聲吵醒，原來是一位司機沒注意到路邊有棵大樹，迎頭撞了上去，接下來就是更大聲又怒氣沖沖的對話。在熱帶地區窗戶大開，透過寂靜潮濕的空氣傳遞，外頭的聲音聽得特別清楚。但因為我不懂西班牙文，自然也不知道外頭在吵些什麼。早上五點就有狗叫個不停，還有人在清理事故現場的聲音，所以我乾脆起床，面對在不會說任何西班牙文的情況下打電話叫計程車的挑戰。

我撥打電話，努力用我的破「英班牙語」告訴對方我要叫車，接線生好像有聽懂——還是他只是禮貌性地敷衍？總之我走到雜貨店那邊，準備和計程車會合。我趁等車時買了些水果，但計程車根本沒來。神奇的事發生了，另一家車行有位司機剛好到雜貨店買飲料，我也終於問到一個會說英文和西班牙文的顧客，請他幫我翻譯我的目的地。後來那位司機願意帶我到「起重機那裡」[5]，他一定覺得我一個女人一大早要去那裡很奇怪！他車開得超快，快到我都沒辦法確認喬告訴我的那些路標。但過不了多久，就經過我昨天看過的廢棄的工寮與上鎖的大門，還好協助喬做食植研究的助理米娜已經在那裡等了。

她和我一起進入吊艙，我們很快就靜靜地被送到另外一個世界。能夠在樹頂毫不費力地滑行，那感覺真的很美妙。在樹冠上米娜和我各自用破英語和破西班牙文聊天，我們兩個對於女人在科學研究中的處境，還有邊工作邊帶小孩

5——原文為西班牙文la Grulla。

的挑戰都很有共鳴，我們也聊到她在巴拿馬的工作機會等等。看來不管對哪個國家的女人而言，努力兼顧家庭和工作都是個難題。

我假定藤蔓因為成為無脊椎動物移動的途徑，可能導致樹冠層食植行為和昆蟲數量的增加。我把這次起重機的採樣期間當作前導研究，可用來檢視研究方法，並擬定未來的採樣計畫，以便更全面地驗證我的假設。在田野生物學中，許多科學家都會利用前導研究，評估某個研究計畫的可行性。比起直接進行大規模的田野實驗，先嘗試運用規模較小的新方法或提問方式，可以省下大筆的時間和金錢。

我分別在有藤蔓和沒有藤蔓的樹冠上收集昆蟲樣本，並加以對照比較。在起重機可以涵蓋的樹冠層採樣範圍裡，只有六到八種樹種，所以我就只研究這些樹種：巨腰果木（漆樹科）、無花果樹（桑科）、Antirrhoea trichantha（茜草科）、Luehea seemanii（田麻科）、大葉桃花木（楝科）、美洲橡膠樹（桑科）和傘樹屬（錐頭麻科）。這些現在都是生態生理學文獻上常探討的樹種。由斯蒂芬・馬爾基、北島薰等人帶領的科學團隊，已經在巴拿馬的樹冠吊艙裡做過光合作用和葉功能的前導研究。有了起重機的協助，我可以輕鬆地採樣，進行掃網、測量食植行為的樹葉樣本、拍攝影片與照片，還有勘查藤蔓等工作。

經過計算後我發現，總共有一百零四個有藤蔓的樹冠，以及五十四個沒有藤蔓的樹冠。在都市邊緣的森林裡，很容易發現干擾的跡象，譬如藤蔓的生長和次級植物的出現。或許這些藤蔓最後會造成樹冠染上枯梢病，甚至死亡，但當它們發展成一個巨大網絡的同時，其強而有力的莖幹是不是也成了飢餓的草食性動物通往樹冠的捷徑呢？

從一九九二年以來，所籌畫到的經費已在全世界架設了七座樹冠起重機，包括：華盛頓州的風河（常綠針葉林）、委內瑞拉奧里諾科河沿岸的拉埃斯梅拉達（低地熱帶雨林）、馬來西亞的蘭比爾國家公園（龍腦香科植物林）、澳洲昆士蘭的苦難角（低地熱帶雨林）、巴拿馬第二座樹冠起重機（潮濕熱帶雨林）、歐洲境內地點尚未確定（溫帶闊葉林），還有現在巴拿馬的這座。

因應不斷擴充的概念，起重機的應用也愈來愈專業。風河的吊艙裡有電力設備（雖然經常故障）；委內瑞拉的起重機是架設在電車軌道上，因此可以移動的範圍變得更廣；馬來西亞的起重機是個大型樹冠探索系統的一部分，未來還會加入樹冠步道、觀測塔以及梯子等設施。

或許最振奮人心的，是這些樹冠起重機的研究者也將開始合作，彼此交換資訊，這對全世界的森林管理和保育來說，是相當重要的進展。一九九七年，國際樹冠起重機網絡在巴拿馬市召開首次會議，十位來自世界各地的科學家，研討了未來各種合作的可能和想法。

陰錯陽差的植物園之行

當我們從起重機那裡再回到史密森研究院的總部時，代步車已經備妥了。我感激地收下車鑰匙，等不及要自己開車回住所。這種時候就是會遇到莫非定律，儀表板上的油表指針居然下降到零！但是回去的一路上完全沒有加油站，所以我誠心地向「熱帶單身女子守護神」祈求，希望明天油箱的油夠我開回研究基地。我在住所附近的雜貨店順路買了冷凍披薩、玉米罐頭、蘋果和奎寧水。

我承認只有在緊急的時刻，才會向熱帶單身女子守護神求救，我曾請求她干預過天氣，但多半的時間裡，我都是祈求平安，因為有些地方實在不適合女人獨自前往。一身卡其色的叢林打扮可能會對某些風俗文化造成誤解，有些地方對單身女性的認知就是要穿高跟鞋加緊身裙，或是在腰間圍著傳統紗麗；我有時候也會求神保佑村民不要介意我的穿著，願意和我做朋友。這一次熱帶單身女子守護神眷顧了我。隔天我一路開回總部都沒有拋錨，而且交通號誌一路常綠（有人告誡我開到巴拿馬某些地方時，等紅燈一定要鎖門），我在特百大樓的電梯裡遇到羅賓・福斯特，我們間的友誼更改變了我的一生。他不只告訴我附近的加油站要怎麼去，我們後來還一路聊到凌晨三點，暢談熱帶植物、附生植物，還有我們的科學冒險。

我稱羅賓是「樹的傳教士」，他就為了想要找到一個問題的答案：「南美洲最常見的是什麼樹？」，便花了將近二十年的時間，踏上無數個考察之旅，進行調查和冒險。他是現今熱帶植物的世界權威之一，但他對於自己的專業卻是無比謙遜。羅賓邀請我和他一起去巴洛科羅拉多島，協助他採樣，他也承諾會幫我介紹更多附生植物。這下子我終於可以在去巴洛科羅拉多島的旅途中，從渡輪上好好欣賞巴拿馬運河。

我們一大早就從巴拿馬市出發，前往甘博亞搭渡輪，但是卻遲到了兩分鐘，沒趕上船。陰錯陽差之下，便到巴拿馬市和甘博亞交界處的蘇密特植物園參觀了一整天。羅賓替我上了一堂認識巴拿馬樹種的速成課，我們也欣賞擬椋鳥在牠們在共同打造的「鳥巢社區」飛進飛出，每個鳥巢都向下懸垂，就好像巴爾的摩黃鸝鳥巢的放大版（我的溫帶本位主義又出現了）。

擬椋鳥可說是我最喜歡的熱帶鳥種，黛安・艾克曼曾經維妙維肖地這樣形容過牠們的叫聲：「具有柔潤的特質，是兩階段的啁啾聲，如同不斷落下的濕潤親吻，融合著顫動與電子合成樂器的音質，收尾時有如初入社交界的少女在水中輕送飛吻。」除了集體築巢的習性之外，擬椋鳥的生存策略也很奇特，牠們會把鳥巢築在大黃蜂巢穴的附近，為什麼呢？因為馬蠅的幼蟲會寄生在擬椋鳥幼鳥的身上，而大黃蜂會吃馬蠅。此外，牠們還會讓燕八哥在自己的鳥巢下蛋，因為燕八哥的幼鳥也是馬蠅的天敵。

馬蠅也會寄生在人類身上，如果熱帶生物學家沒有一個有趣的馬蠅故事跟大家分享，那就名不符實了。這種昆蟲會在皮膚底下產卵，等到馬蠅幼蟲孵化、長大，便在人的體腔內鑽來鑽去，使人搔癢和過敏。隨著幼蟲愈長愈大，還會打造通往皮膚表面的呼吸道。雖然幼蟲最終還是會脫離人體，但是極少人可以忍受這樣的恐怖情事達數月之久，所以多半會無所不用其極地把幼蟲弄出來。像是在呼吸道口放一塊生肉，可以有效地引出馬蠅幼蟲，還有人試過其他奇特的誘餌，那些故事已然成為田野研究的傳奇。

巴拿馬運河的壯觀奇景

當我和羅賓去看大船過運河時，終於實現了我人生其中之一的夢想。一艘亞洲的貨輪經過時，巴拿馬運河突然變得好窄小，我不禁對這個工程的壯舉心生敬畏，這不知讓多少船隻免去數千哩的航行。

晚上八點我們抵達巴洛科羅拉多島，有了早上遲到的經驗，我們下午學乖了，早到了幾分鐘（後來羅賓告訴我，他向來不喜歡提早去搭飛機或是搭船，看來他今天早上錯過渡輪一點都不奇怪）。我被安排住進一棟查普曼的舊建築裡，有一個房間，還有一些實驗室的空間可使用。後來我也在不知名的直翅目昆蟲叫聲和蛙鳴聲中睡去。

我一大早就聽到窗外吼猴的招牌吼叫聲，那大概是我這輩子聽過最特別的聲音之一。我還聽到樓下人聲鼎沸，那是巴洛科羅拉多島的員工正在準備史密森研究院成立七十週年的慶祝會。大家忙著煮東西、布置會場，雖然走廊和大廳總是有科學家穿著沾滿泥土的靴子走來走去，還是有人在掃地。下午兩點開始會有一些演講、巴拿馬團體的舞蹈表演，還有美食。

那天晚上我受邀和埃格•伯特利一起品酒，他是最早到這個島上的科學家之一。這位傳奇人物是位聰明絕頂的生物學家，不論什麼科學話題都可以侃侃而談，而且還有些有趣的怪癖，像是他特別喜歡和來訪的學者一起喝威士忌。

我們初見面時，他對我說：「很高興見到你，瑪格單純林羅曼（Meg-mono-dominant-forest-Lowman）。我很喜歡妳在《美國博物學家》第一三日卷第八十八至二一九頁發表的那篇文章。」他讀過的東西好像都能過目不忘，這對一個在偏遠地區工作的科學家來說，根本就是種夢幻技能。我們一起聊了單純林、光合作用等話題。能有機會與他交流，我覺得很幸運。

隔天我和喬・萊特、羅賓，還有斯里蘭卡的生物學家古納提萊克一起去喬的樹苗樣區，聽說那裡和我們在澳洲的樣區差不多。去的路上我們漫不經心，邊走邊聊天，然後才驚覺我們根本浪費超多時間，還來不及到樣區就得再匆匆忙忙折返回去趕搭渡輪，典型的羅賓作風。我們在船隻開離碼頭的前一刻衝上甲板。回到巴拿馬市，我和來自三個不同國家的新朋友們共進晚餐後，便準備搭晚上的班機返美。

這趟旅程過後，我看待樹冠研究的角度完全改變了。有了科學家持續相互合作和資金的挹注，樹冠起重機將會發展成前所未有的上樹工具，讓科學家能接觸到每一棵樹的樹冠，也能促成更多專注在樹冠層樹葉和生長過程的研究。

不管是研究光合作用、氣體交換、樹冠層等高線與其對微氣候產生的影響，又或是像樹冠層的螞蟻阻隔蟑螂排出的氮氣、蚯蚓住在附生植物蓮座狀的葉叢等各種新的研究主題，在未來都可以用更精確、更詳盡的方式進行。我的前導研究顯示，將有藤蔓和沒有藤蔓的樹群相較，前者食植行為的程度明顯較高，但是我還必須再多研究幾年、採集更多樣本，才可以證實這個初步的發現。因為史密森研究院的付出，熱帶研究已從以往的森林地表，向上進展到樹冠層之中。

第九章 貝里斯的樹屋

在中美洲貝里斯的山林深處，有個地方叫做藍溪。這個隱蔽的世界，偶爾會被光線穿透，它或許是世界上生物種類最繁多的地方……從飛機上俯瞰，藍溪的雨林就像一大片花椰菜田……雨林平台建造的專家，已經在此處打造了一條樹冠步道。

——凱瑟琳・拉斯基，《世界最美的屋頂》

我在植物園的工作範疇也包括大眾教育。很榮幸可以擔任「傑森教育計畫」的科學指導老師。

該計畫是羅伯特．巴拉德博士發想的，他也是鐵達尼號殘骸的發現者。他認為很難和年輕學生分享在偏遠地區的科學新發現，所以他設計了一個教育課程，讓攝影團隊跟著科學家一起到偏遠的地區，透過衛星實況轉播，直接在校園、博物館和其他教育中心放送。

一九九四年，傑森教育計畫邁入第五年時，探索了貝里斯的雨林樹冠層，我則是負責主導的首席科學家。我在樹冠裡探索植物與昆蟲關係的過程，全都透過電訊技術，和美國、加拿大、中美洲、英國，還有百慕達群島的數十萬名學生分享。

雖然在狹窄、搖晃的樹冠走道上對著攝影機講話讓我很緊張，但我還是站穩腳步完成了五十一次的實況轉播。

教育、研究、保育三合一的傑森教育計畫

我和我的孩子坐上一台只有一個螺旋槳的六人座小飛機，機身上「馬雅航空」的字樣已經模糊到幾乎看不清了。我們的行李被隨意扔到後方，艾迪還被邀請坐在副駕駛座，戴上一副厚重的耳機。然後，我們便啟程飛向貝里斯的上空。讓我的寶貝孩子搭上這架老舊飛機，我心裡多少有點不安，但這是要到我們的田野調查地點唯一的交通工具了（四年後，這架小飛機連同駕駛墜落在馬雅山上）。

我的兩個兒子很興奮可以跟我一起到熱帶雨林考察，那時艾迪八歲、詹姆士六歲（他們兩個還是小嬰兒的時候，已經看過澳洲雨林無數次，但是當時還太小，什麼都不記得）。我們的目的地是貝里斯南部的藍溪，任務則是到那裡打造並準備好傑森教育計畫的基地，包括建造要用來進行田野調查的樹冠步道和幾處平台。我把步道和平台稱作我的綠色實驗室，但我的孩子們則說那是他們的超大樹屋。

我們飛了快一個小時，越過紅樹林海岸線，看到混濁的河水注入海洋。近日的大雨沖刷上游的表土，在河口和海洋的交接處堆疊出層層的泥流。有些熱帶地區的水土流失很嚴重，因為火耕的緣故，使得土壤直接承受大雨沖刷。相較之下，原始雨林因為有密實的根向下抓地，留住了土壤，也留住逕流的水分。我們看到雨林的小斜坡上有好幾處玉米田（種植玉米、南瓜或是其他小型農作物的預留空地），還有貝里斯南部所謂的喀斯特地形，也就是一座座小山之間有向下侵蝕的河谷，地形底層為石灰岩。

這是我第二次造訪貝里斯的雨林。當我們降落在旁塔哥達機場（只有一條泥土跑道，和一間避雨遮陽的小屋），幾位傑森教育計畫的工作人員已經在一輛老舊卡車上等我們了。我們爬上卡車的後面，一路從旁塔哥達向西，顛簸了二十哩，進入內陸。

抵達藍溪村後，艾迪和詹姆士在一群小孩間引起一陣騷動，這兩個金髮男孩（而且就當地的文化來說，大概已到了適婚年齡）備受好奇的眼光。女孩們把自己做的手環和刺繡拿給我兒子看，詹姆士（還在討厭女生的階段）被嚇死了，艾迪（年紀稍長）雖然很友善，但也有點不知道該怎麼回應如此熱情的關注。他們害羞地走進森林，踏上通往樹冠研究基地的小徑，日後我們將在那個基地打造超大樹屋。

傑森計畫以往都是專注在海洋生態研究，這一年是第一次到中南美洲，也是首度把重點放在陸地生態系統。今年課程的主題是關於一滴雨水的旅程，追蹤這滴雨水先穿越貝里斯的樹冠，降落到洞穴裡，最後回到大海的珊瑚礁群的全部過程。

我被選作研究樹冠的科學家代表，負責海洋生態的同事代表則是傑瑞．威靈頓，他是來自德州休士頓大學的珊瑚礁生態學家（真是標準的科學家網絡！十五年前傑瑞還是加州大學聖塔芭芭拉分校的研究生時，我剛好是那時候的客座研究人員，我們早就見過了）。在傑森計畫中，我和傑瑞兩個人依照指示進行田野調查，並和在主要互動網（PIN）上的學生對話，學生們也會提出任何有關科學、科學家和保育的問題。這個計畫非常難得，讓我能有機會將教育、研究和保育三者結合在一起。

一九九三年五月，我、傑瑞、羅伯特以及一群來自不同領域的專家，到貝里斯進行第一次探勘。其中包括羅伯特的助理，羅伯特忙碌的生活都靠助理才能如此井然有效率；一位公關公司的經紀人，她常常打電話回家聽取電話答錄機的留言（那時候我連答錄機都沒有，更不知道該怎麼從貝里斯的荒山野嶺打回去聽留言，那時候也還沒有手機）；一位負責設計傑森課程的教育人員，非常有熱忱，那也是她第一次到雨林；一位後勤人員，到處都看得到他，而且什麼事都辦得妥妥貼貼；一位來自EDS電子資訊系統公司的工程師，該公司是衛星通訊技術的贊助商；一位攝影師，負責記錄全程活動；還有另一位也是EDS公司的代表，每天都打扮得光鮮亮麗，每套服裝也都有與之搭配的口紅跟手提包。

我們也認識很多來自貝里斯各地的科學家，他們各有專長，獨力研究有趣的專題：布魯斯和卡洛林・米勒是專攻樹冠層鳥類的專家；提諾和伊恩・米爾曼研究蜻蛉目（蜻蜓）和兩棲爬蟲學（蛇類和爬蟲類）；雪倫・莫托拉是田野生物學家兼貝里斯動物園創辦人；吉姆和瑪格麗特・貝維斯是生態旅遊業者，倡導貝里斯的環境教育;還有贊助此行的旅行用品商傑夫・科文。

沒電沒床的藍溪旅館

我們在貝里斯北部探勘了幾個地區，希望可以找到打造傑森計畫樹屋的理想地點。我希望這個地點的樹種多樣、樹幹要夠粗壯，才可以安全地支撐樹冠步道;羅伯特在找的是一個景色夠美、適合拍攝的地點;後勤人員把重點放在食物、紮營、技術設備都容易到達的地方;工程師則要一塊夠大的空地來架設衛星天線;傑瑞只想要趕快到達珊瑚礁就好。

我們的遊覽車司機是巴蒂觀光巴士公司的瘋狂艾迪（聽起來超像連環漫畫的名字），他也載我們到貝里斯中部探勘好多地點。我們到馬術山旅館後面的山谷健行，還聽到稀有的隆嘴翠鴗的鳥鳴聲;也去參觀貝里斯動物園，在那裡看了貘、美洲豹、長鼻浣熊和巨嘴鳥。我們下榻在松山渡假村，早上醒來都可以聞到甜甜的松樹香。

途中，我們經過一塊火耕後的山坡地，當地門諾教徒的屯墾者為了擴大畜牧用地，就這樣天真無知地破壞了珍貴的林地。我們還開到一個濱海的香格里拉鎮，在陰森恐怖的「叢林小屋」住了一晚（這旅店名不符實，因為那裡壓根沒叢林）。到了貝里斯南部，我們開上一條無敵顛簸的泥巴路，途經旁塔哥達，抵達一個叫做藍溪的小村莊。在尋尋覓覓那麼多天後，終於找到一個能滿足所有人的理想地點了。

藍溪這一帶已經租給波士頓一家小型的生態旅遊公司經營。這裡東西不多，只有一間戶外廁所，還有一間兼做廚房、書房、餐廳和睡覺區的小屋。但是附近有一條超棒的原始森林步道，離小屋五百公尺的上游處，還有一個迷人的石灰岩洞穴。

小溪對岸有幾棵壯觀又上相的大樹，包括一棵垂綴著附生植物的猴麵包樹[1]、長了氣根的天南星科植物[2]、攀附在樹頂枝椏上的小蘭花；還有幾棵大型的附生植物[3]，它們蓮座狀的葉叢就像天然的小水漥一樣，棲息了許多不知名、甚至是未知的無脊椎動物。另外還有幾種紫葳科的藤蔓，以及許多未被發掘的生物。雖然貝里斯對我而言是個陌生的國家，但我卻在這裡發現熟悉的植物朋友，像是咖啡灌木、豆科植物，還有很多曾在巴拿馬看過的類似植物。

那天晚上我們預訂了藍溪的「旅館」，住宿就是在開放式的茅舍地上鋪睡袋睡覺，或者在兩根柱子間掛吊床（幸好我屬此者）。還好我有把在喀麥隆叢林生活時的戰友卡其吊床帶來，其他人看了都好羨慕。

晚上七點，大家都已經準備要入睡了，因為沒有電，而且還下著雨。大部分的團員都是第一次在雨林裡過夜，幾個新手怕睡到一半地上會有蛇跑來，也有人緊張兮兮地看附近有沒有蝙蝠。大家好不容易終於窩在睡袋裡準備要睡了，突然一聲巨響把我們都嚇到跳起來，原來是一顆掛在猴麵包樹（和砲彈樹差不多大，看名字就知道它果實的大小跟形狀有多驚人）上的果實掉到鐵皮屋

1—學名 *Pachira aquatica*，木棉科。
2—學名 *Philodendron sp.* 南天星科。
3—學名 *Aechmea sp.*，鳳梨科。

頂上。猴麵包樹的果實比椰子大一點點，但是重很多。每個人都緊張到噗哧笑出來。最後大家終於靜下來了，但那晚大概每個人都睡得不太好吧。我以前常想，為什麼椰子或是猴麵包樹的果實從來沒有意外砸死過樹下的人呢？我相信以那種果實掉下去的衝擊力，就算是練過鐵頭功的科學家也一定會受重傷，但至今我還沒聽說過有人因此而喪命。

那晚猴麵包樹的果實又陸續掉了好多次，果實每砸到鐵皮屋頂一次，屋頂就會破個洞。我突然好懷念那次的喀麥隆之行，不只是因為我睡在還聞得到非洲氣息的同一張吊床上，更是因為我的膀胱又再次給我面子——十二個小時，我一次廁所也沒上。和在喀麥隆一樣，貝里斯這邊也有在大半夜找食物的行軍蟻，還好這次我都沒有踩到牠們，在非洲的時候我可是因為牠們的攻擊而吃了不少苦頭。

那天晚上，旅行用品商傑夫和另一位團員決定去夜探藍溪村，但因為滂沱大雨被困在那邊，只好在一間貝里斯小屋裡打地鋪。那夜他們聽到的聲音比我們這邊更不尋常，像是豬在地上交配的聲音、小孩子因為瘧疾不舒服的嗚咽，還有雞在他們耳邊咯咯叫。

在貝里斯叢林待了一夜後，我們隔天醒來看到的是一片閃閃發光的綠色世界。每片葉子上都殘留著昨晚大雨的雨水，每一個滴水葉尖就像漏斗，將葉面的水分排到根部。我在營地繪出樹株的位置，以望遠鏡檢視樹冠層，大致推估附生植物的種類數量，還和團隊討論了幾個不錯的攝影角度。

傍晚我們回到蓬塔戈爾達，在真正的床鋪上睡了一晚，傾聽熱帶小鎮裡的聲音——腳踏車在崎嶇的路上喀拉作響、骨瘦如柴的狗的吠叫聲、蟈蟈的蛙鳴聲、從露天酒吧傳出的音樂和人聲。那天晚上還有綿綿細雨，讓悶熱的夏日空氣涼快許多。

隔天我返回貝里斯城，接著到邁阿密及薩拉索塔。我滿腦子都是轉個不停的熱情和想法。接下來幾個月我都在忙步道的設計、編列預算，找專業的樹藝師們一起打造這個超大樹屋，還得寫課程計畫表、回答老師和記者的問題，以及最重要的，我想在這個直播的樹冠探險中傳達給學生的訊息。好多主題在我腦中流竄：森林砍伐、生物多樣性、生態採樣面臨的挑戰、樹冠層中植物與動物間耐人尋味的關係、養分的循環作用、還有全球生態系的健康。

我的孩子登上三十三公尺高的樹頂

三個月的時間飛逝而過。我和我的步道夥伴巴特·波席爾斯也已經編好預算，並設計好綠色實驗室了。我們找來六位專家共同組成團隊，一起打造步道。整個團隊住的小屋佔地比營地還大了四倍，我們也花了不少錢空運海綿床墊和雙層床架。

在這之前，我和羅賓已經先來過藍溪，測繪和辨識這一區所有的樹種，也常熬夜工作，把樣本壓在報紙間，並記錄營地的一切。羅賓曾到過很多地方，也是熱帶植物的專家，但是藍溪的物種之多，還是讓他大開眼界，看來傑森教育計畫的確為直播課程選了個能引起廣泛科學興趣的地點。

我和孩子們到藍溪營地放下行李後，都目不轉睛地環顧四周。幾個禮拜前我才和羅賓來過這裡，但現在研究站的景象全都變了。藍溪的水面上橫跨了一條不銹鋼索，連接到兩邊約七十五呎（約二十三公尺）高的木製平台。我們拿起望遠鏡，可以看到樹藝師像群猴子一樣，在半空中「表演」，他們的對話也很不可思議：「麻煩把吊椅降下來好嗎？」、「我這邊需要十八吋的眼螺栓」、「有人有梨形的吊索鉤嗎？」、「不要站在我下面喔，螺栓剪可能會掉

我的兒子艾迪（左）和詹姆士（右），準備生平第一次爬樹。他們用聖誕節剛收到的安全吊帶，進行學校的科學專題，收集昆蟲以研究樹冠生物的多樣性。雖然創意十足，不過最後都沒得獎。（攝影：克里斯多福・奈特）

下去」，同時還可以聽到站在地面的一群植物學家，用他們自己的一套語言說著：「這裡有一株茜草科植物」、「哇喔、快來看這株玉蕊科」、「嗯……這也是紫檀屬沒錯。」就這樣，經過數個月的計畫，樹冠步道正在逐漸成形中。

艾迪和詹姆士都迫不及待地想要爬樹。他們收到的聖誕禮物是兒童用的安全吊帶，所以現在兩人都有專屬的攀樹設備了。我們在家已經練習過，但現在

終於登上樹冠了！我弟弟（愛德華・羅曼，右坐者）協助我的孩子生平第一次爬樹，另外還有我在新學院指導的學生凱莉・基輔（立者）。我們正在貝里斯七十五呎高的樹頂，欣賞風景。（攝影：作者）

可是正式上場。我非常緊張，而且一點都不想讓他們吊在七十五呎的高空中。說來可笑，雖然爬樹這事我幾乎每天在做，但一想到是我的孩子要親自上陣，就覺得特別危險。然而，我想他們手腳大概會比我靈活吧！

我的弟弟愛德華是個專業的木工，也是這次幫忙建造平台的隊員之一，負責步道的地面組（僅負責地面的工作）。他很貼心地說要陪孩子們完成爬樹初體驗，等到他們上了吊橋後也會叫我一聲（然後我就可以睜開眼睛了）。他們三個一下子就都爬到緊靠在一株紫檀屬植物的梯子上，然後到達可以俯瞰溪水的平台。我也趕緊爬上去，和他們一起慶祝。

艾迪和詹姆士簡直樂壞了，他們看到附生植物，親眼目睹蜂鳥從一株鳳梨科植物裡吸食花蜜。在支撐平台的子彈樹[4]上，有好幾個蟻巢。對在溫帶生長的我們來說，蟻巢是個很神奇的自然現象。每個蟻巢都是由各種樹冠層的植物

4 — 學名 *Terminalia amazonica*，使君子科。

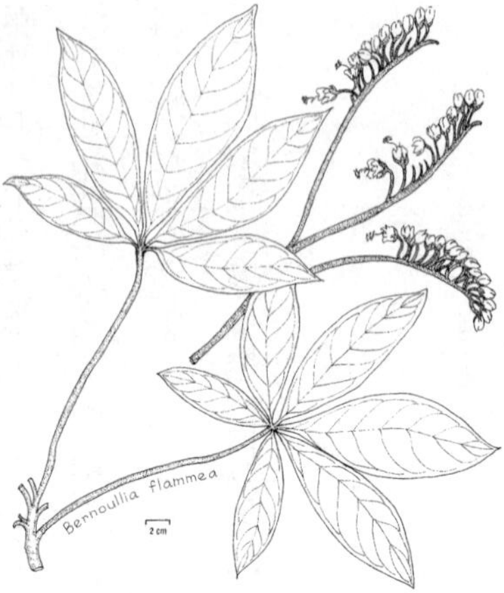

火焰樹（學名*Bernoullia flammea*）的葉子。我們在貝里斯的樹頂研究實驗室就在其中一棵的樹冠層裡。該樹種每年的三月落葉，長葉之前，整棵樹會開滿桃紅色的花朵。（繪：芭芭拉・拉里森）

集結而成的，巢內的種子全是螞蟻辛苦收集後搬回來的。螞蟻不斷滋養並照顧蟻巢，而打造出一個多樣化的微型生態系統，團團簇擁的植物裡有仙人掌、椒草、鳳梨花、蘭花等，有時候還可以看到藤蔓。螞蟻利用這些植物打造棲息地，並獲取食物，而這些植物則換取了生存的保障。這是非常典型的共生系統，兩種生物都從此關係中互蒙其利。

俯瞰腳下寧靜的溪水，讓我們對自己所在的高度更加謹慎。地面上的人也變得像螞蟻一樣小。我們看到閃閃發光的陽生葉，感受陣陣微風穿過平台旁的火焰樹[5]吹送到我們身上。火焰樹的樹葉已經掉了大半，等到三月底應該就會變得光禿禿的，在這個幾乎是常綠樹種的熱帶雨林裡，火焰樹是少數的落葉樹種。雖然大家會以為所有的熱帶樹種都是常綠樹，但其實並不然，還是有些樹種會固定落葉，有些則會在旱季來臨時落葉。在重新長葉之前，火焰樹會先開花，當桃紅色的花朵盛開，在一片綠色的樹冠海上就像炙熱的火焰一樣。

對艾迪和詹姆士來說，樹冠層根本就是另一個新世界，我也因為他們的眼光而重新認識了這個新世界。他們小心翼翼地通過溪流上方的吊橋，這座橋全長約七十二呎，中間還晃得很厲害。過了橋之後，他們也對一株毒木[6]嘖嘖稱奇，如果碰到這種樹葉子，就會引起皮膚過敏、發紅疹。

5 — 學名 *Bernoullia flammea*，木棉科。

6 — 學名 *Sebastiana sp.*，大戟科。

孩子們在樹冠層探索了好幾個小時，然後靠著金屬鉤環和梯子垂降回到地面。他們後來還興高采烈地觀察在某個樹幹上一隻毛茸茸的補鳥蛛，和我們家裡那隻寵物蜘蛛哈麗特長得一模一樣。那天一切都超順利，儘管已經連續四天晚餐都只吃豆子跟白飯了，但孩子們一點也不在意。

如我所料，我的孩子很能適應樹上的生活，但他們長大後會像媽媽一樣成為科學家嗎？如果現在問他們，他們一定會大聲說「會」，但是多年以後，這些童年時的夢想可能就會變質了。

彈弓蜘蛛讓人大開眼界

我們決定夜探森林，因為雨林裡有許多昆蟲，尤其是食葉的草食性昆蟲，幾乎都是夜間比較活躍。我在澳洲雨林裡工作的那段日子，沒有一個晚上是安靜的，萌發新葉時，森林裡都是竹節蟲和甲蟲大嚼葉片的聲音。貝里斯的森林也會是這樣嗎？我們戴上頭燈、踩著濕掉的球鞋準備一探究竟。來到貝里斯的第一天，我們的東西因為大雨和極嚴重的濕氣，全都變得濕答答的（也因為濕氣太重，我連續十天都沒辦法在筆記本上寫出字來，後來我再次拜訪藍溪時，就特地帶了防水的筆記本）。

樹冠步道可以讓人安全而長時間地探索許多樹冠。照片裡我的小孩位在傑森教育計畫在貝里斯打造的樹冠步道，示範步道的便利性。（攝影：愛德華・羅曼）

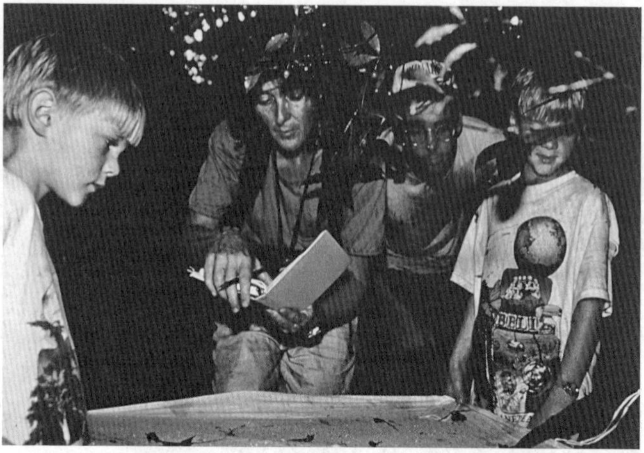

詹姆士（左）和艾迪（右）在傑森教育計畫期間協助媽媽進行昆蟲採樣。他們正在貝里斯的樹冠層使用捕蟲盤。我的另外一個從威廉斯學院來的指導學生大衛・紹爾也在一旁觀摩。（攝影：克里斯多福・奈特）

沿著步道走了大概幾百呎後，詹姆士發現一個閃閃發光的蜘蛛網好像在晃動。因為那一晚沒什麼風，所以我們很好奇蜘蛛網晃動的原因。是蜘蛛在打架嗎？還是正在和巨大的獵物纏鬥呢？我們全都上前仔細觀察。

圓形的蜘蛛網結構完整，非常漂亮，還有一條長長的蜘蛛絲拉住中心點。正當我們還在研究蜘蛛網時，那條蜘蛛絲突然斷掉，把整張網像橡皮筋一樣向外彈了出去，我們全都嚇得往後跳，兩個孩子更異口同聲大喊：「彈弓蜘蛛！」那一晚，一個新種誕生了（我們猜想是這樣吧）。我們在一旁觀看蜘蛛進行了數次這個動作。原來蜘蛛會拉住中間那條絲線，趁毫無防備的獵物飛過時放開。附近也有好幾隻彈弓蜘蛛，所以我小心地抓了一隻放進樣品瓶裡，回去的時候再送去史密森學會鑑定。從傳統的蛛網獵捕機制來看，此法真是太新奇了！

回營地的途中，我們發現有一大群行軍蟻在營區附近集結，還好我們的小屋是架空的。這些行軍蟻沿著一條路線，瘋狂地互相踩踏，似乎有種特別的螞蟻荷爾蒙形塑出這條道路。除了最前段的螞蟻外，其他螞蟻並不知道正要往哪裡去。

當我們回到睡覺的上下鋪，艾迪發現他頭上的木椽有團奇怪的黑影，原來是有隻狼蛛跑到小木屋裡的天花板躲雨。我們都認為，頭頂上的狼蛛肯定會讓他睡不著，所以我拿掃把輕輕地把狼蛛弄到地板，然後護送牠到前門，讓牠至少可以在外面的走廊上躲雨。

直到駐營的最後一天，孩子們算出已經下了十四次的雨林大雨，我們也準備要回家了。我的孩子們雖然全身髒兮兮的，但都很高興自己可以和雨林裡的住民分享這麼原始的大自然。只可惜，有許多孩子終其一生都沒有機會在熱帶地區接受泥巴的洗禮，或是體驗叢林裡的冒險。如果未來雨林破壞的程度還是持續像現在一樣，這些難能可貴的機會也終將消失殆盡。

英國親王駕到！

在下個月，我又重回藍溪，開始我們的綠色實驗室傑森教育計畫的直播節目。通往藍溪的林地步道旁，有一台超大的EDS卡車，上面裝載了一個直徑十五呎的衛星天線。一群馬雅人圍在一個大螢幕旁觀看奧運轉播。三條纜線交纏在一起，綿延半哩連接到營地，警衛們則謹慎地看管著器材。

營地裡面亂糟糟的，新舊設備全都混在一起，裝著電腦和音響設備的金屬大箱子，全擺在雨林樹下的防水布上，赤腳的馬雅人把背物帶繞過額前，安靜地把設備拖進森林，我們科學行程似乎是排到無足輕重的第三或第四順位了。

然而樹冠步道看起來非常迷人，我已經迫不及待想登到平台上，逃離地面的紛擾了。

紮營的第一天，一位貴賓降臨營地。愛丁堡公爵[7]（即菲利普親王）搭直升機來看傑森教育計畫的運作，順道體驗他人生的第一堂樹冠生物學課。中午時分，一群保鑣大步邁入營地，護送著一位瘦削的男子入內，他打扮休閒，身穿有白釦子的淡藍色狩獵襯衫。每個人都被引見了，有個傑森教育計畫的工作人員，還因為想擅自拍照而差點被保鑣動粗。

菲利普親王非常迷人，也對我們的樹冠綠色實驗室非常感興趣。雖然因為安全考量他沒有機會體驗攀樹，不過我還是向他介紹了巨大樹裡屋的各個區域，也大致說明我們目前的研究計畫。他靈巧地走在森林步道，游刃有餘地穿梭在碎石和濕滑的泥土之間。

7 — 英國女王伊莉沙白二世的丈夫。

午餐時我坐在他的右邊，羅伯特則坐在他左邊（那一刻真的很難想像五年前的我，還在澳洲的內陸生活，還在廚房裡洗盤子，收拾樂高玩具）。公爵和科學團隊討論了很多議題，顯然他對於地球的人口成長過剩和熱帶雨林的保育甚感憂慮。他很親切地與我合照，好讓我把照片送給我的孩子，用完午餐後他就搭直升機離開了。為了減少下沉氣流造成的落葉，直升機的飛行高度一直維持在樹冠上層附近。

這次的皇家拜訪非常成功，現在大家也可以繼續把焦點放回衛星轉播的科學節目上了。我跳入藍溪，在溪流裡隨波逐流時，有小魚輕咬我的四肢。我也思索著田野生物學，還看到一隻蜂鳥竄飛回窩裡，那個鳥巢就築在一個月前我和孩子艾迪、詹姆士同住過的小屋外呢！

Show Time！現場直播登場

在我們最後一次彩排的前一晚，下了場超大豪雨，我們趕緊營救攝影機和

我向愛丁堡公爵（及其隨扈）進行貝里斯樹冠層的導覽。

顯微鏡，及時蓋住這些精密脆弱的設備。

傑森教育計畫的工作人員全都很有才：卡爾是助理製作人；哥地人高馬大又愛搞笑，常常拿著攝影機尾隨羅伯特；鮑伯是我的專屬攝影師，因為他跟我差不多高；莎莉和麥可這兩位是最近才剛訂婚的製作人；傑克森身手非常矯健（他不只要架設拍攝機器，還老是在平台爬上爬下的）；湯姆是洞穴地質學家，還有他的助理約翰，是從英國來的；霍赫負責和藍溪居民的溝通協調；還有一群學生和老師擔任我們的研究助理；當然還有羅伯特。

我們大概一共有四十個人，在貝里斯偏遠的雨林裡一起參與這次的傑森計畫。晚餐後，我們到馬雅人的村落觀看在EDS的大螢幕上播放的奧運節目。回到帳篷後，我發現床鋪全濕透了，雖然有鋪上防水布，但稍早的暴雨還是滲了進來。

我們的第一次直播預定在二月二十八號星期一早上九點，凌晨三點多我被外頭不尋常的風聲吵醒，我從沒在山谷裡聽過這種樹葉的沙沙聲響。這該不會是壞天氣的預兆吧？那天我們匆匆吃完早餐（沒錯，又是豆子配飯），便開始做準備。卡爾在打開主要平台的電視螢幕時居然嚴重觸電了，還好我們很快找到短路的地方，原來是一條橫越溪水的電纜出狀況，技術人員也及時搶修了。後來稍微放晴了，雖然天氣狀況還是不盡如人意。

所有的「演員」都戴上耳機，和在遠方的工作室連線，這樣我才能聽到倒數計時，直播就這樣開始了。羅伯特一邊對著鏡頭微笑說：「嗨，我是羅伯特

•巴拉德……」，一邊輕快地穿越長長的步道，走向我的研究平台。直播非常刺激，也相當順利。參與傑森教育計畫的學生都非常棒，我還乘坐吊椅，遊遍樹冠各層，過程非常令人興奮。

給科學家的休息時間往往形同虛設，所以下午四點一到，我很開心終於可以跳到溪裡好好暢游一番。在攝影機前要在樹冠步道上爬上爬下已經足以熱得讓人全身黏膩，更不用說我們是在華氏九十度（攝氏三十二度）、又濕又熱的環境下完成任務了。

在進行隔天的直播前，我們已經解決了幾個技術問題（bug）（這可不是雙關語）。早餐時，廚師準備了我最愛的肉桂麵包，在傑森教育計畫直播期間，我們都吃得很好，一月時我們每天都吃豆子配飯，現在我們可說是在叢林裡吃大餐。食物裡還是有太老的雞肉和一成不變的豆子配飯，但其中也不乏進口的美食，像是蘋果派，以饗遠自紐約而來的攝影團隊。他們甚至還帶來一大塊冰塊，是用來冰鎮貝里斯的啤酒。

三月四號，我在節目中祝我媽媽生日快樂。從我一九七九年的同一天第一次爬樹至今，樹冠研究已進步許多。製作團隊的每個人都非常棒，在直播的空檔，我們就坐在樹冠平台上，暢聊彼此的故事和人生觀。奇怪的是，跟那些在家鄉的朋友比起來，我反而更深入了解這些新朋友。似乎在這種偏遠的地方，人跟人之間更容易坦誠相見。

補蟲工具大觀

我這次計畫的助理科學家是奈森．歐文，他是史密森學會昆蟲動物園的執行長。我們從十二歲開始就是朋友了，當時我在夏令營教他製作捕蟲網。對於如今他擔任美國首屈一指的昆蟲展覽會的負責人，我也深感與有榮焉。在傑森教育計畫進行直播時，奈森在樹冠層收集昆蟲，我則負責測量食植情況和其他的交互作用。

學生們非常喜歡在樹冠層裡做昆蟲採樣時所使用的工具。我們準備了一個傳統的昆蟲網，在捕捉飛蟲時非常有效率。我們也利用三呎見方的布質捕蟲盤，精準地接起從樹枝上被搖下來的昆蟲。如果是要捕捉停留在樹葉上的昆蟲，用捕蟲盤最有效。而最有創意的捕蟲工具，可能就是吸蟲器了（使用時還會發出噗噗噗的放屁聲）。吸蟲器有兩根橡皮管與樣品瓶連接，讓使用者可以把昆蟲吸進瓶中。它的設計非常聰明，在放入採樣者口中吸取的管子裡有細網，所以不會不小心把昆蟲吸進嘴巴裡。除此之外，我們也使用馬氏網陷阱[8]，它是以金屬細網築成牆面的形式，誘使昆蟲進得去但出不來。比起只用一種方法採樣，利用各式各樣的採樣工具，可以更準確地預估一地的物種。

在一次直播裡，我測量了羽葉棕櫚[9]的葉面積，這種樹也被稱作罣丸櫚樹，因為它的果實總是以特殊的下垂方式成對地掛在樹上。其中有片樹葉的面積居然高達六點一平方公尺，是我曾採樣的葉子中最大的。在另外一次的直播時，愛丁堡公爵從百慕達透過衛星電信，再次「拜訪」我們。當他從遠端操控攝影

8 — Malaise trap，一種類似帳幕的採樣工具。

9 — 學名 *Orbignya cohune*，棕櫚科。

機的同時，我負責替畫面做旁白。我們在樹冠層裡架設了一台可以在軌道上移動的遠端攝影機，把畫面同步傳回營地，以及北美任何一個與我們連線的地點。

每天六小時的直播節目都會有個主題，涵蓋我們研究用的工具、各種科學假設、還有研究的延續性（藉此能傳給下一代一些想法）。

直播五天後，我們這些「明星們」（參與直播節目的人的暱稱）受邀到城市裡住一晚。雖然我已經習慣帳篷老是漏水，但一想到熱水澡、抽水馬桶、還有床鋪，我也忍不住答應了。雖然從地圖上看，營地到蓬塔戈爾達只有二十哩路，但因為泥土路路況崎嶇，所以我們坐了快一小時的車。

睡在有空調的房間裡，我突然覺得空調的雜音實在太好聽了，平常睡在營地帳篷時，晚上都是攝影團隊調整及修理器材的噪音。不過我要聲明，在蠻荒叢林裡架設攝影棚可是非常艱鉅的挑戰。我也學了很多新的詞彙，像是：L-cut[10]、旁白、IFB[11]、鏡頭推前（roll-in）、空拍鏡頭（canopy cam）、麥克風桿（Boom）等等。

睡樹冠，探洞穴

貝里斯的樹冠步道對科學家來說是美夢成真，我們有五個平台，高度從七十五呎、到可以觀察到烏鴉巢穴的一百二十五呎都有。平台之間有連結的溝通橋和梯子。可以觀察到樹種有硬木常綠的子彈樹[12]，也有落葉樹種火焰樹[13]。還可以觀察到蟻巢、附生植物、神奇的螽斯、蠍子、狼蛛以及許多不明飛行物體。

因為我的學生曾問我睡在樹冠層是什麼感覺，所以有一天晚上我決定親身體驗。那感覺非常奇妙，我在黑暗中度過於快得一晚，也聆聽了昆蟲交響曲。

10—能減少風切聲影響收音的設備。

11—和某一方使用對講機通話時，可以被第三方打斷。

12—學名*Terminalia amazonica*，使君子科。

13—學名*Bernoullia flammea*，木棉科。

14—這裡是引用希臘神話Jason（project）and the Argonauts，該故事是描述傑遜王子率領一群阿爾戈英雄去尋找金羊毛的冒險傳奇。

阿爾戈[14]們（學生助理）參與我們的研究，研究營地裡也有很多老師。我也因為這個計畫，和來自明尼蘇達的D．C．藍道成了一輩子的朋友。從他與學生融洽的相處中可以得知，他是位相當傑出的老師；對非裔美國學生來說，更是非常棒的導師。他常開我玩笑，說我從不在直播的時候提羽葉棕櫚的當地俗稱（就是之前提到的罣丸棕櫚）。他在藍溪待了一個禮拜，就回到明尼蘇達了，回去後他還拱他的學生問我（當時有數十萬人在聽直播）：「羅曼博士，請問羽葉棕櫚的另一個名字是什麼？」我不得不回答，學生全部笑翻了！

有一晚，洞穴地質學家湯姆邀請我們一群在地面的工作者到他的洞穴參觀。湯姆已經在貝里斯測繪和探勘洞穴已經超過十年了。我們戴上工程帽與頭燈，虔敬地走進另外一個截然不同的世界。

洞穴裡有些水池和陡梯，不過還蠻好走的。因為天氣又濕又熱，所以我在一個水池旁先停下來休息，要其他人繼續往前走。沒想到他們才轉個彎，我整個人就瞬間籠罩在黑暗裡。洞穴裡又黑又安靜，能夠這樣待在一個完全無聲無光的地方，感覺真的很棒！

我突然聽見一個微弱的窸窣聲，趕緊把頭燈打開後，看到一隻白化的鞭蠍。一個人安靜地坐在這裡還是有收穫的，因為這個小傢伙就是我們想要看到的生物。鞭蠍旁還有一株馬拉巴栗樹苗，這顆碩大果實一定是誤滾到洞穴裡，便在岩石間發芽。它也是白化植物，沒有任何綠色組織，雖然在這個洞穴裡它的未來一片黑暗，毫無希望，但我還是很佩服它的韌性。

在傑森教育計畫的最後一晚，攝影團隊給了大家一個禮物：一堆大家出糗的NG片花，還配上搖滾樂。後來派對演變成叢林裡的迪斯可舞會。我和羅伯特就像驕傲的父母一樣，跳了第一隻探戈開舞。派對一直進行到凌晨。雖然營地裡有高級的音響設備，我還是會偶爾抬頭，仰望那些有滿天繁星做背景的原始參天巨樹，對於自己能身處熱帶雨林滿懷感激。

能和一群這麼有才華的人，共分享我生命中的一段歷程，是非常特別的體驗。非科學研究人員認識了雨林，我們這些科學家則學到了與攝影器材和電子設備的相關知識。此外，我們更透過完美團隊的合作，和成千上萬個學生一起探索雨林，這一切之所以能成真，全都得感謝傑森教育計畫令人讚賞的技術。

第十章 從地面往上探索樹冠世界

即使一間藝廊裡掛滿再多名畫，但不懂畫作歷史的人很快就會覺得單調；在碩大的博物館裡，對展覽主題熟悉的人，逛起來會興致勃勃；而只想看熱鬧的人，立刻就會覺得厭煩。隨著我們不斷充實知識及發掘其奧秘的技巧，森林會更具魅力。

——亞歷山大·史古奇，《哥斯大黎加的博物學家》，一九七一年

從一開始在地面上的觀察，到使用高科技，再回過頭拿起簡單的工具，我的樹冠研究生涯繞了一大圈又回到原點。一九九五年五月，我著手設計一項精彩的樹冠研究，但主要的探索工具竟是望遠鏡！

因為羅賓・福斯特和我對熱帶樹種都非常感興趣，所以我們決定到巴洛科羅拉多島研究樹冠層，那裡的「五十公頃觀察樣區」吸引了自世界各地慕名而來的生物學家。這個計畫是我們一九九三年到巴島研究所時參觀所衍伸出來的。

諷刺的是，儘管有許多關於此樣區樹種的深入研究，卻從沒有人想過要探索這些樹株離地兩公尺以上的各種生態現象。我專門研究附生植物以及樹冠生物學、羅賓則對物候學感興趣，再加上他對此樣區甚為了解，於是我們決定聯手勘測當地所有大樹的樹冠。

巴拿馬的觀測樣區

巴洛科羅拉多島上的「五十公頃觀測樣區」（這就是它的名字）給了生物學家們一個難得的機會，讓他們能在熱帶雨林裡共同進行研究。這個樣區就是個龐大的資料庫，對於我這種在許多偏遠地區獨自做了好多年研究的人來說，看到如此豐富的樣區，能讓科學家從各種角度收集植物的統計學資訊並探索其生命歷史，令我心生感激。

該樣區位處巴拿馬加通湖中間一座一千五百公頃的小島上。這座小島是一九九一年至一九一四年間，建造巴拿馬運河時出現的[1]。樣區的林相是半常綠、季節性的森林（根據霍爾德里奇生命帶分類系統，此為熱帶濕林），每年的降雨量約兩千五百公厘。十二月到四月為乾季，這段時間許多樹株（但並非

1——打造人工湖淹沒大部分土地的同時，小島也誕生了。

全部）都會長新葉，並開花結果。

一九七〇年代晚期，羅賓和史蒂芬‧哈伯決定研究熱帶樹種的統計學，希望可以透過長時間觀察樹株數量的變化，透析熱帶雨林豐富物種的變化原因。為了進行田野調查，他們繪製樹木地圖，並測量超過二十五萬棵樹株和直徑超過一公分的所有樹苗。樣區裡每一棵樹幹都經過標記、測量、鑑定與繪測。樣本數量極多，要記錄的資訊量非常龐大，在田野間與電腦前所耗費的時間更是不在話下。羅賓在最後一次計算時指出，樣區裡大約有三百種樹種。在當地所建立起來的資料庫，不僅改變我們對熱帶林的看法，也讓長期研究成了最有效的科研方法。

能踏上這塊聖土讓我倍感榮幸，因為它的功能和喬瑟夫‧科奈爾的樣區，還有我在澳洲的樣區相似。喬的樣區完成測量二十年後，羅賓的這塊樣區方才設置，但是後者的樣區比較大、空間分布較平均，樣區的設計也可以在其他熱帶雨林重新複製。

很難想像在這片五十公頃森林裡，光是繪測、標記和鑑定所有的樹種得花

望遠鏡是收集樹冠層資料最簡易的工具，但有時候卻成效不彰，譬如說勘查昆蟲就不太精確。不過我們在巴拿馬巴洛科羅拉多島辨識附生植物時，望遠鏡就派上用場了。羅賓和我在觀察一棵巨大的木棉樹時，看到脖子都快僵掉了。（攝影：作者）

上多少時間。但羅賓也只是謙虛地和我們分享他和助理在進行研究時發生的各種趣事。

從地面觀察樹冠，脖子要夠強壯

鼠鞭草（堇菜科）是最常見的灌木之一，數量超過二十五萬株。如今這個龐大的資料庫，更衍生出探討熱帶樹種的物競天擇、病原體、生長、衰亡、物候，還有繁殖等許多生態研究。

我們的樹冠研究只需要望遠鏡、筆記本和筆這些工具，當然還要有對藤蔓、樹冠健康以及附生植物的敏銳觀察。強壯的脖子更是加分。身為一位樹冠專家，要我站在地面上，把觀察到的所有東西全都正確無誤地記錄下來，是全新的挑戰。就像早期那些初次在雨林裡探索的博物學家一樣，我也因為自己是陸生生物，對於無法輕鬆爬到樹冠層裡觀察各種生命現象而感到挫折。我如同以前在地面初次觀察樹冠的先鋒探險家，揣測著（有時候也會猜錯）頭頂上的生態到底有多複雜。

這讓我想到德國探險家亞歷山大・馮・宏博曾經描述過的經驗。一百多年前宏博探索委內瑞拉的雨林時，他形容樹冠層的植被僅有少量的落葉殘花，以表達他激動的情緒：「真是了不起的樹啊！椰子樹五、六十呎高；紅蝴蝶[2]有一呎高的花簇，開著鮮亮的紅花；野生蕉寄生在群樹上，看得到巨葉，聞得到花香，蕉葉和手掌一樣大，但我們卻對這些一無所知……我們像瘋了一樣跑來跑去。在森林裡的頭三天，連一樣物種都沒認不出來；我們撿一樣看一樣，看一樣又丟一樣。」

利用望遠鏡研究樹冠層時，基本上羅賓和我就是在森林裡面悠閒自在地散步了一星期。第三天下起毛毛雨，我們在雨中枯坐了兩小時，全身又濕又冷，但是也看見樹冠層如何被霧氣籠罩，潮濕模糊的望遠鏡讓樹冠層裡的寶物倏忽

2 — *Poinchiana pulcherrima*，豆科。

看不見。在地面工作真的要看老天爺的心情！下雨的話完全沒辦法使用望遠鏡，因為水滴會匯集在鏡片上。我們坐在濕答答的木頭上等雨停時，我好像不小心惹火恙蟎了，腳上一堆咬痕在回到溫帶地區後好幾個禮拜才消。

在忍受一開始的脖子疼痛後，我們建立了一套流程：走路、檢查樣本編號、抬頭看、在地面上繞一圈、再抬頭看、比較觀察發現、提問、利用生態學判斷新附生植物的種類、發現羅賓不知為何斷裂的樹冠時會倒抽一口氣、尋找不知何故未被記錄到的樹幹、繼續走到下一棵樹、重複之前的步驟，再度讚嘆每一個物種都是獨一無二的。

有些觀察很令我們關注。在這個被仔細研究過的樣區裡，有超過一半以上的大樹樹冠都陷入困境中，不是被藤蔓纏繞、遭強風暴雨破壞樹體結構，就是被旁邊的樹種覆頂蓋過。換句話說，胸高圓周徑愈大的母樹，愈能有效地繁衍下一代，這個生物假設是錯的。如果沒有健康的樹冠，再健壯的樹株也無法生產足夠的種子及長出足夠的新葉，自然就無法繼續茁壯。

培養在森林裡邊走邊觀察的習慣，大概是田野生物學家最重要的能力了。

我們在巴洛科羅拉多島那幾天成果豐碩的觀察，可能會對未來的相關研究有所啟發。譬如銀葉蓬萊蕉[3]是很常見的附生植物，羅賓沒留下太多相關的研究或是紀錄，但是我們的觀察發現，這種附生植物不論是幼樹還是成樹，在林中都經常可見。

在五十公頃樣區最常見的附生植物是什麼？我們或許對這裡的樹群和灌木相當了解，但卻對在其附生植物一無所知。有些附生植物比較罕見，而且分布的位置比較零散，有些則分布得非常規律。例如，蠟唇蘭[4]總是生長在樹冠中層的樹幹上；羅蔓藤蕨[5]低垂在靠近植物根部的地面；許多腋唇蘭和肋柄蘭[6]長在樹冠的最頂端，幾乎不太能觀察到，只能依稀看到輪廓；大型的火鶴花[7]則喜歡長在陽光無法穿透的樹幹中。

3—學名 *Monstera Dubia*，天南星科。
4—學名 *Aspasia*，蘭科。
5—學名 *Lomriopsis*，羅蔓藤蕨科。
6—學名 *Maxillaria*和*Pleurothallis*，兩者都是蘭科。
7—學名 *Anthurium*，天南星科。

我們安靜地在森林裡邊走邊觀察，收穫頗豐。我們曾看到一群蜘蛛猴在頭頂上的樹冠裡嬉鬧、也曾發現狐鼬（鼬科）一家子在樹林間徘徊。只要我們保持靜默，森林裡的野生動物自然會出現，身為人類的我們也能學會如何與牠們共享大自然。

三百多種樹的探奇

即使這個樣區裡有超過三百多種樹，我們還是能訓練自己用雙眼看出端倪。身為一位植物學家，我發現當我處在錯綜複雜的綠色世界裡，若能成功辨識出某個「熟悉的樣貌」時，都會感到特別寬心。*Hybanthus prunifolius*（堇菜科）是最常見的林下灌木，愈來愈容易辨識。相較之下，此處有二十一種植物只有一個樣本。

最常見的樹冠層樹種 *Trichilia tuberculata*（楝科），在樹冠中佔了百分之十二（也就是每八棵樹就有一棵）。雖然它的數量最多、許多學生及科學家也從各種角度研究過它的生態，但還是沒有人知道為什麼它是怎麼辦到的。哎呀，或許下個世紀它就不是森林裡最常見的樹種了！

我常常在新熱帶地區觀察到洋紫荊[8]，這種植物經常出現在藤蔓、灌木或樹上。因它特殊的蹄狀葉片，不管是在地上還是樹冠裡都可輕易辨識出。有位祕魯的巫師曾告訴我，在他們的村莊會用這種洋紫荊調製成特殊的藥汁來避孕，但是另一種不同的劑量反而會增加生育能力。這種植物的化學作用肯定很驚人！顯然這種生物在文化和熱帶生態學上都很重要。

和羅賓這樣已經在這一帶研究數載的生物學家一起走在森林裡，是非常難能可貴的經驗。在如此紛繁的熱帶森林裡，有太多東西要觀察與學習，光是認識皮毛就得花上好多年，但是羅賓早在一九六七年就已經來到此處。他撫摸著一些罕見的樹木、談論多年前就倒下的樹株、回憶過去不尋常的蟲害爆發，也

8 — *Bauhinia sp.*，豆科。

9 — *Ceiba pentandra*，木棉科。

娓娓道來不同樹種的開花模式。他最喜歡的是一株高大的吉貝木棉[9]，這棵樹的直徑超過二十呎，也是巴島研究所最常入鏡的樹木。提到當初為了測量樹的直徑，還得冒險拿梯子爬上全是尖刺的板根時，羅賓不禁笑了起來。

還有一種奇特的樹*Tachigalia versicolor*（豆科），叫做自殺樹。羅賓發現這種樹在成年期只會開花結果一次後便隨即枯死，故而有此稱號。不僅如此，這

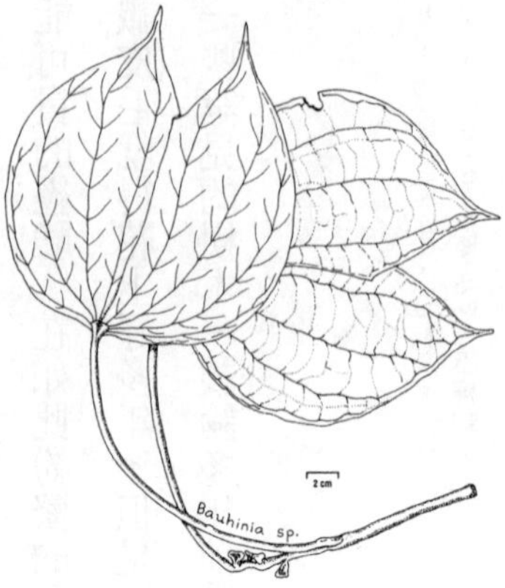

洋紫荊這種植物在中美洲以及南美洲各地，以藤蔓、灌木或樹株的形式生長。一位在祕魯村落的巫師告訴我，這種植物同時適用於助孕與避孕。所以啦，請小心使用，注意份量！（繪：芭芭拉．拉里森）

種自殺的行為似乎有連帶效應，同時間也會有好多棵樹產生這種劇烈的反應。現在如果有一株自殺樹開花，科學家便可以預測它不久後一定會死亡，之後樹冠層也會出現一個縫隙。

這不禁讓人思考，為什麼一棵樹會演化出這樣的衰亡機制？或許這種樹把所有的能量都投注在一次性的開花結果，自然就沒有力氣再活下去。但是羅賓不贊成這種說法，因為這種樹的種子大小和其它不會自殺的樹種沒什麼兩樣。不過自殺樹的花期的確比其他樹種來得長，分泌的花蜜也特別多。很顯然地，有時候植物繁殖所換取的代價，從我們人類的角度來看並不一定顯而易見。

或許這種行為還有其他重要的目的，譬如說母樹的衰亡可以提供發芽的後代更多生長空間。我們從觀察中得知，自殺樹的種子離母樹的位置不會超過一百公尺，這或許為給予下一代最有利的生長空間提供了合理的解釋。不過種苗在林蔭底下也可以長得很好，似乎並不需藉助透過孔隙照入的陽光。也或許母樹衰亡後，隨著樹株在原地腐化的土壤，也能提供後代另一個生長的利基：母樹腐爛後改變了土壤的性質，根部有餘裕的伸展空間，或與菌根[10]有關。這些各式各樣的想法，也只不過是這座森林裡好幾百種樹其中之一的假設而已。無庸置疑地是，要透析熱帶樹群複雜的生態模式，還需要經年累月的研究。

仰望看不見的世界

投注在五十公頃樣區的心血和努力已有多年，現在才開始要收割而已。就像我們在澳洲森林的長期研究一樣，時間愈久，收集到的數據就愈珍貴。科學家之所以投身在這種大規模且複雜的田野工作，其中一個目的就是希望可以找出熱帶雨林裡，決定物種變遷、汰換（平衡）的動力為何。所謂的「平衡」，可以視為某樣區中的樹群是否有某種集體穩定性，或是樹群是否長期處於不平衡的狀態（意即該樣區未來的樹種較難預測）。

在哈伯和福斯特的樣區裡，他們已經發現平衡與不平衡動力的證據。物種的多寡或許可以用不平衡力的角度加以解釋，即持續的物種汰換可以改變森林物種的數量。不過樹苗若是遠離同種樹種，存活率會比較高，這也說明仰賴密度增長的平衡機制發揮了作用。關於檢視平衡相對於不平衡的假設理論，都需要更長期的觀察和數據收集，才有辦法更了解熱帶林的動態學。

在巴島研究用望遠鏡勘查研究植物時，也讓我產生了一個新的想法：我們必須把從地面上所觀察到的結果，和在樹冠層的實際情況加以比較。我們也開始利用步道對照兩者的差異。一九九六年，我和羅賓在法屬蓋亞那利用樹冠筏，比較在地面上觀察到的藤蔓種類和從樹冠筏考察的藤蔓種類（後者的方法更準確）。不出所料，在地面上的觀察結果完全低估了樹冠層藤蔓的種類和數量。

我們也計畫從地面觀察附生植物的數量跟種類，再和樹冠層的實際情況做對照。在樹冠筏這種探索工具還沒有發明以前，許多過去的文獻資料都是從地面觀察蒐集來的，因此利用我們的對照研究，便可以更廣泛（也更準確）地推

10——學名 *Mycorrhizae*，是一種和某些植物根部共生的菌類，可以增加土壤中的水分和養分。

算過去的數據和資料有多少誤差。不僅如此，我們也必須盡快成立更多觀測樹冠層的研究地點，只有長年耐心地蒐集數據，我們才可以更有把握驗證那些在樹冠層的觀察。

我們也應該在森林不斷被破壞、未來子孫很有可能再也看不見這些美景之前，盡快投入長期的田野調查中。

第十一章

在樹頂孤軍奮戰

女人也想當探險家？穿裙子去旅行？
這想法未免也太天真了。
就讓她們待在家裡照顧孩子，修補破掉的衣衫，
但她們絕對不可以、不應該、也不可能會有地理觀念。

——《笨拙》[1]雜誌，一八九三年六月（節錄於一九九六年出版的《女人不該做的事》，珍．羅賓森著）

我在威廉斯學院教授「環境研究概論」這門課時，因為想要了解學生科學能力的水平，好設計更合適的課程，在上課的第一天我就給一百一十位同學一份問卷。其中一個問題（和我打算要教的「科學界的女性」有關），是請他們列出三位重要的女性科學家。

很多學生那一題都空白，不然就是寫「我不知道」，有的人寫了居里夫人或是瑞秋．卡森[2]，少數幾個聰明的學生（或許日後他們會成為政治人物吧！）則寫了「羅曼博士」。我提供了與之相關的教學資料，隔年就以此為主題開課，當然學生們也都非常喜歡。

為什麼我們在科學界幾乎看不到女性？特別是在田野生物學裡的植物學，為什麼研究這門學問的女性更是寥寥無幾呢？

我選擇較少人走的那條路

樹冠研究的發展突飛猛進，自從我開始提筆寫下這些章節，我已經在法屬蓋亞那的天空裡搭過熱氣球、在澳洲和巴拿馬見證最新的樹冠起重機、在祕魯的亞馬遜河流域世界最大的樹冠步道工作，又因為傑森第十計畫（Jason X），在一九九九年和一群師生及羅伯特重返祕魯。這些經歷都是我人生中更多的篇章。我在祕魯的樹冠步道，第一次觀測到附生植物上重要的食植行為；也認識了我未來的丈夫（這些並沒有照重要性的先後順序撰寫），我的研究和家庭生活繞了個圈又重新回到原點。

雖然因為事業的選擇，使我遠離澳洲的家園，但我的人生卻走向另一個新方向，讓我對科學的熱愛和家庭的付出都得以兼顧。我的兩個孩子在追根究柢

1——一九四一－一九九二年發行的英國雜誌，以幽默及嘲諷聞名。

2——Rachel Carson，美國海洋生物學家，其著作《寂靜的春天》引發了美國、乃至全世界對環保的重視。

的環境下逐漸成長茁壯，並以他們自己獨特的眼光認識大自然，認識周遭的世界。

回顧我生命中的這些歷程，我發現科學和我的人生密不可分。如果我手中有根魔法棒，我會改變造就「今天的我」的那些事嗎？絕對不會，但我可能會想要有一、兩位女性導師，給我支持和解惑。雖然回憶有好有壞，但我相信就是因為這樣一路走來的磨練和痛苦，讓我更珍惜後來的美好和快樂。我以平常心接受身為科學家與身為人的順境與逆境。

我常自問，我是從什麼時候開始愛上科學的呢？畢竟我家沒有人是科學家，身邊也沒有女性導師做榜樣。我在研究所的時候，似乎也不曾質疑過為什麼科學界裡沒有太多傑出的女性科學家。如果我當時能有位女性導師的話，能在田野調查和家庭間更游刃有餘嗎？我會經歷比較少的挫折和失敗嗎？我認為答案是肯定的。

我相信自己身為科學家，其中一個責任就是在適切的時候，給予那些面對挑戰的學生鼓勵、支持以及建議。這些年來我也和一些科學界裡的女性，發展出很深刻的友誼。當然，我還是很尊敬我當初的（男性）導師，有問題也常常向他們請益。像是約翰·特洛特、彼德·艾希頓、喬·坎內爾、哈爾·西德沃，多虧這些人的協助，我對田野生物學的熱忱才有辦法結出美麗的果實。

在田野中孤軍奮戰的數千個小時裡，大自然也給予我智慧和力量，這些禮物是我生命中的無價之寶。我常以榕樹自勉，它們獨特的韌性和生長型態，在熱帶森林的樹冠層鞏固住自己的位置，活出一片天地。它們從上而下的生長方式，也迥異於其他植物，這種植物給我上了珍貴的一課：選擇較少人走的路還是有它的好處的。身為一位在田野生物學界打拚的女人，我發現這個想法給了我許多慰藉。

下一步要怎麼做呢？在爬了二十幾年的樹、經常孤軍奮戰後，我還有辦法在科學界開拓新領域嗎？田野生物學的挑戰可不小，不論是要了解生物多樣性，還是將研究結果和管理與政策做結合，我們都才剛起步而已，而森林樹冠層裡也還有許多不為人知的祕密，等待我們去發掘。

或許最最重要的是，我們的研究數據必須要轉譯成淺顯易懂的生活化語

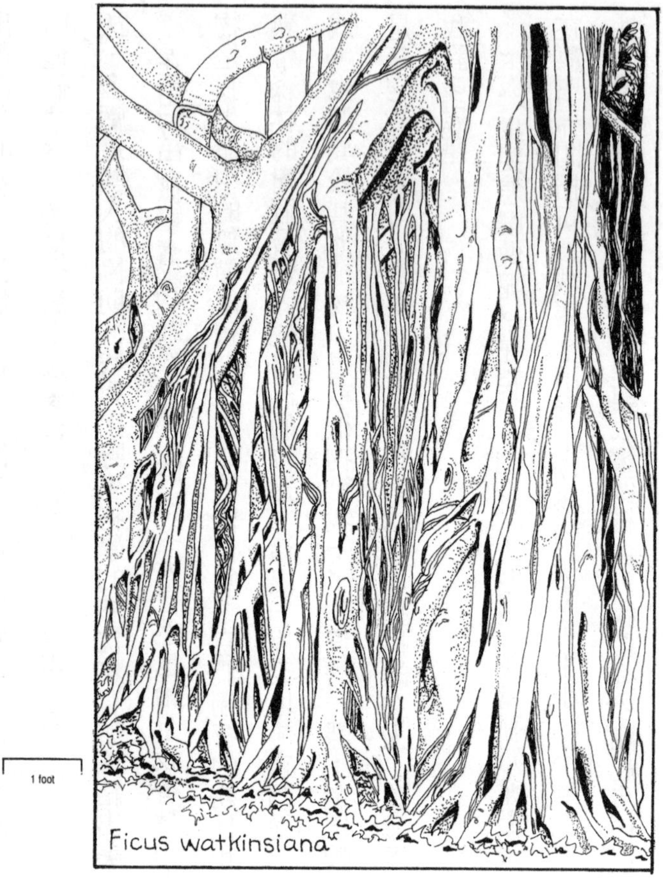

榕樹（學名 *Ficus sp.*）可說是我在雨林中最喜歡的樹種，因為它們獨特的生長方式讓我很著迷。它們由上往下生長，先在樹冠層鞏固位置，提高生存的機率，然後環繞、壓迫並扼殺宿主樹至其死亡後，進而更確保自己在森林樹冠中的一席之地。榕樹對許多生物，如鳥類、昆蟲及動物等來說，也是重要的食物來源。我覺得，榕樹總有一天會稱霸整個雨林。（繪：芭芭拉・拉里森）

言，讓選民、經濟學家、政治人物，以及任何可以影響自然資源保育的人看懂。我希冀我的孩子以後能夠倘佯在山林間，我也知道科學家和大眾溝通的能力，對森林保育來說極其重要。畢竟只有具宏觀遠見的森林管理政策，才有辦法改變地球的未來。

落葉，是新生的開始

樹冠上的樹葉都會歷經生命的最後一個階段：老去，或者稱為落葉。我的樹冠研究記錄了每片樹葉從樹枝上掉落的月份，此外，我也測量在森林地面上落葉腐爛的速度。從這個角度來看，我的樹葉研究算是完整的，從出生一直到死亡全都涵蓋到了。但是對生態學來說，落葉並不代表結束，它同時也是新生的開始，落在地面上的樹葉腐化分解後，重新進入泥土變成養分，再被鬚根吸收，讓樹株持續成長茁壯。

就像一片慢慢老化的樹葉，持續撰寫自然日誌的習慣，也讓我能夠回顧並再次消化過去。回顧這二十幾年來我記錄的點點滴滴，我發現逐漸步入中年的這段日子，我的思想也有許多蛻變。當我想到其他不同職業的女性時，我相信我們一定都有自己的生命故事可以分享。或許那些傳統典範人物已不復存在。我們許多人都走上這條曲折的遠路，只為閃避一路上的艱難阻礙。

雖然諷刺，但是身為女性科學家而在田野生物學中遭遇的種種挫敗，無疑讓我變得更堅強，也讓我信念更定。或許在偏遠的叢林裡，就是這份力量陪我度過艱困的田野工作，讓我在這個向來只有男性主宰的學界中堅持下來。就像一片樹葉，歷經生長、腐化、再生，我也在人生和事業的道路上，經歷層層轉變。

生命旅途走到這，我也體悟了很多重要的道理。我發現抱怨和讚嘆所花費的力氣是一樣的，但結果卻截然不同。學習擁抱生命中的美好，而非一味怨天尤人，是我人生中獲得最珍貴的一課。

附錄1

田野生物學家在雨林的好幫手

一雙好穿的鞋子

長褲、長袖（我在澳洲時，把褲子和帆布靴縫在一起，可以預防水蛭）

雨衣

雨帽（有近視戴眼鏡的人很需要）

手帕（擦額頭的汗，以及放大鏡上面的髒污）

太陽眼鏡（開車來回營地時配戴）

水壺（每個晚上都要重新裝滿）

小型的折疊傘（一隻手就可以連同資料表一起拿）

手持式放大鏡

瑞士軍刀

裝補給品的輕便後背包

相機跟底片
指南針
測量捲尺
手電筒（晚間行動需要）
望遠鏡
筆記本跟鉛筆
田野紀錄或是辨識特殊物種的田野圖鑑。
防水簽字筆（用以標示植物種類）
通行許可證（在保護區採樣或工作時需要申請）
地圖、營地檢查表
急救藥箱
驅蟲用品
廁紙
塑膠袋
補充熱量的食物（我最喜歡的就是OREO巧克力餅乾）
防水布（午餐的時候可以拿來墊在地上，預防塵土、牛蜱，還有喜歡吸在人私密處的水蛭）

附錄2

名詞解釋

A——

abscission 脫落

枯葉和葉柄分離，並從樹上掉落。

advanced regeneration 前期更新

種子發芽後的一個階段（有時候可以長達數十年），小樹苗生長在森林的底層，發芽後會進入相當緩慢的生長期，直到上方的孔隙出現時才會加速成長。

B——

binturong 熊狸

一種尾巴可抓握的亞洲靈貓科動物。

blowfly 麗蠅

澳洲鄉間常見的一種蠅類。會在羊身上的傷口或其他表面開口產卵，如果沒有治療，感染嚴重時會造成死亡。

buttress 板根

某些熱帶樹種的樹幹底部會長出柱狀根，是樹木為了適應雨林環境與支撐所發展出來的根部。

C——

carabiner 鋁勾

橢圓形金屬的扣環，用以固定繩索，或是在爬樹時固定繫點。

cassowary 食火雞

又名鶴鴕，生活在澳洲熱帶雨林中，是長相類似鴕鳥的一種鳥類。食火雞不會飛，瀕臨絕種的牠們全球只剩下兩千隻左右。

D——

dirt 地面組

工程術語中用以指稱在地面上工作的人。

drip tip 滴水葉尖

熱帶雨林樹葉的特徵，雨林降雨時，末端拉尖的葉子具有排水的功能。

E——

ecotone 生態交錯區

又稱群落交錯區或生態過度帶，係指兩個生態系的過度區域。

epiphylly 附生層

依附在樹葉表面的生物體，潮濕的熱帶雨林裡尤其常見。其組成十分多樣，包括苔蘚類、青苔、真菌以及依附在植物表面的微生物等。

epiphyte 附生植物

生長在樹冠層的一種植物，其養分以及水分攝取皆來自空氣，僅利用宿主植物的莖幹或枝條取得更好的成長環境。

F——

flush 長葉

係指葉子同時間萌發。

G——

fgoanna 巨蜥

一種大型蜥蜴。

GOLWITS（God-of-lone-women-in-tropical-situations）

熱帶單身女子守護神 。每每我陷入困境時，就會向這位我憑空想像出來的守護神求助。

Gondawanaland 岡瓦納古陸

澳洲、南極洲及亞洲陸塊還沒分裂前的原始古大陸。

grazier 牧人

澳洲的放牧人家，通常畜牧羊群或牛隻。

gum tree 橡膠樹

即澳洲人稱的尤加利樹。

H——

hammock 哈莫克林

又稱為中生森林，即指在高起的土地上發展出的森林生態系，多被較潮溼的生態系包圍，如沼澤、濕地等，在佛羅里達州常見。

hemiepiphyte 半附生植物

係指某些生物體完全依賴特定植物為生，若該植物消失，生物體也會滅亡。

herbivory 食植行為

動物以植物為食（尤其是葉子）的過程。

host specific 宿主特異性

係指某些生物體完全依賴特定植物為生，若該植物消失，生物體也會滅亡。

J——

jumar 上升器

爬樹時所需要的專業器材。

L——

liana 藤蔓

即藤本植物。

M——

margay 長尾虎貓

一種小型的美洲野貓。

mast seeder 大年結實

結實具有週期性的植物，譬如南極山毛櫸，其結實的周期為每五年一次。

monodominant 單一優勢種

即樹冠層中出現覆蓋率高的單一樹種。

monophagous 單食性動物

以單一一種植物為主食的生物體。

morphospecies 形態種

在不知道學名的前提下，以形態辨識不同的生物種。

mycorrhizae 菌根

真菌與植物的根一起形成菌根，可以增加植物根部吸收水分以及養分的能力。

O——

Oceania 大洋洲

位於南太平洋，含括澳洲、紐西蘭以及新幾內亞。

oropendola 擬椋鳥

會聚集在一起築巢的一種熱帶鳥，鳥窩為垂掛式（通常單一樹冠上至少有十隻鳥）。擬椋鳥的叫聲在熱帶地區是出了名的獨特、悅耳。

P——

pangolin 穿山甲

全身披覆鱗片的食蟻動物，分布在亞洲以及非洲。

patch reefs 塊礁

由大片泥沙所區隔出來的小型珊瑚礁。

phenology 植物物候學

即季節性（如在樹冠層中，長葉就是生物季節的階段變化之一）。

phylloplane 葉面

葉子平坦的表面。

poineer species 先驅種

在一塊受干擾或是新生地演替時期，最先出現的物種則為先驅種，通常會被演替晚期的物種取代。

property 農牧地

澳洲用以指稱大面積的牧場或農場。

R——

rain forest 雨林

典型的雨林生態結構以及森林形相十分複雜，年均雨量至少二千公厘以上。

replication 複製實驗

在研究文獻發表後，其他人能根據提供的步驟重複進行實驗，並獲得相同的結果。

S——

sclerophyll 硬葉植物

硬葉植物的葉片較粗糙、硬韌，適合在較乾燥的地區生長，比起其他植物，對草食性動物來說也較不適口。

S—

sea snake 海蛇

唯一一種生活在海中的蛇類，也是世界上毒性最強的毒蛇之一。

seed bank 種子庫

落地之後尚未發芽、囤積在土壤中的種子。

seed rain 種子雨

從樹冠掉落到森林地表的種子。

station 農場

澳洲用以指稱大面積的農場，農場內通常有牲畜。

subtropical rain forest 亞熱帶雨林

位於亞熱帶地區，卻有著熱帶雨林特徵的森林（如豐富的物種以及植物型態、板根、滴水葉尖，以及其他熱帶雨林植群特有的特點）。

succession 演替

隨著時間的推移，生態系統的組成逐漸改變的過程。

T—

tropical rain forest 熱帶雨林

屬最複雜的森林型態，雨量充沛，終年氣候穩定、溫暖潮濕，植物型態及種類相當豐富，亦有許多熱帶雨林原生種。

V—

viviparous 胎生動物

生產時直接產出胎兒（如海蛇）。

W—

wallaby 沙袋鼠

澳洲草原上一種類似袋鼠的草食性動物。

warm temperate rain forest 溫帶雨林

位於溫帶、低海拔、環境潮濕的森林，其林相同時包含熱帶以及溫帶地區的演化物種。

wether 閹羊

閹割過的公羊。

whales-tail 鯨魚尾環扣

爬樹的女人——在樹冠實現夢想的田野生物學家（經典好書全新譯本）

作　者—瑪格麗特．羅曼
譯　者—林憶珊
主　編—李宜芬
責任編輯—郭香君
責任企劃—張燕宜、石瓔寧
封面、內頁設計—陳文德
內頁排版—時報出版美術製作中心
董 事 長—趙政岷
總 經 理
總 編 輯—余宜芳
出 版 者—時報文化出版企業股份有限公司
10803台北市和平西路三段二四〇號四樓
發行專線—（〇二）二三〇六—六八四二
讀者服務專線—〇八〇〇—二三一—七〇五
（〇二）二三〇四—七一〇三
讀者服務傳真—（〇二）二三〇四—六八五八
郵撥—一九三四四七二四 時報文化出版公司
信箱—台北郵政七九～九九信箱
時報悅讀網—http://www.readingtimes.com.tw
法律顧問—理律法律事務所 陳長文律師、李念祖律師
印　刷—勁達印刷有限公司
初版一刷—二〇一六年三月十一日
定　價—新臺幣三八〇元
⊙行政院新聞局局版北市業字第八〇號

國家圖書館出版品預行編目(CIP)資料

爬樹的女人：在樹冠實現夢想的田野生物學家（經典好書全新譯本）/ 瑪格麗特.羅曼
(Lowman Margaret D.)作；林憶珊譯. -- 初版. -- 臺北市：時報文化, 2016.03
面；　公分. -- (人與土地；5)
譯自：Life in the treetops : adventures of a woman in field biology
ISBN 978-957-13-6554-1(平裝)

1.羅曼(Lowman, Margaret) 2.傳記 3.生態學

787.18　　105001525

LIFE IN THE TREETOPS by Margaret D. Lowman
1999 © by Yale University
Originally published by Yale University Press

ISBN 978-957-13-6554-1
Printed in Taiwan